浙江省哲学社会科学规划
后期资助课题成果文库

最优企业社会责任投资及其对
出口行为的影响机理与实证

马　虹　著

ZHEJIANG UNIVERSITY PRESS
浙江大学出版社

图书在版编目（CIP）数据

最优企业社会责任投资及其对出口行为的影响机理与
实证 / 马虹著. —杭州：浙江大学出版社，2022.4
ISBN 978-7-308-22271-6

Ⅰ.①最… Ⅱ.①马… Ⅲ.①企业－投资－社会责任－
影响－出口贸易－企业行为－研究－中国 Ⅳ.①F279.2
②F752.62

中国版本图书馆 CIP 数据核字(2022)第 016618 号

最优企业社会责任投资及其对出口行为的影响机理与实证

马　虹　著

责任编辑	陈静毅
责任校对	李　琰
封面设计	周　灵
出版发行	浙江大学出版社
	（杭州市天目山路 148 号　邮政编码 310007）
	（网址：http://www.zjupress.com）
排　　版	浙江时代出版服务有限公司
印　　刷	杭州良诸印刷有限公司
开　　本	710mm×1000mm　1/16
印　　张	11.25
字　　数	161 千
版 印 次	2022 年 4 月第 1 版　2022 年 4 月第 1 次印刷
书　　号	ISBN 978-7-308-22271-6
定　　价	45.00 元

前　言

企业社会责任（corporate social responsibility，CSR）是一个涉及经济学和管理学的交叉领域，在全球经济一体化的背景下，已成为国际贸易学领域的前沿话题。随着贸易自由化程度和市场信息透明度的不断提高，企业社会责任不仅是企业隐性的道德追求和实践转化，还是企业为扩张市场份额、降低生产成本和提高市场竞争力而做出的内生的最优战略选择。出口企业面临更加激烈的国际市场竞争，必须根据国际市场需求动态和贸易成本，对出口行为和 CSR 战略做出决策。

因此，为深入分析社会责任对出口决策、生产率、出口需求和企业收益的影响作用，本书主要运用国际贸易理论和产业组织理论的分析方法，对它们之间的关联进行理论建模和实证检验。社会责任对出口企业的影响可以细分为声誉效应和成本效应两个方面，本书针对这两种效应分别构建静态理论模型，并使用中国上市企业数据做实证检验。考虑到声誉效应和成本效应通过生产率和出口需求可能存在的互动关系，本书还构建了相应的动态结构模型及其实证模型，并使用中国上市工业企业数据进行实证检验。

本书主要探讨了以下内容：第一，社会责任对出口企业的影响机理归纳为声誉效应、成本效应和两种效应的交互作用。第二，成本效应通过提高生产率或者降低融资成本实现，能够直接影响企业的出口决策。第三，对于声誉效应和成本效应的理论模型,本书分别做了实证检验。第四,本书通过产业组织理论中经典的霍特林(Hotelling)模型构建了一个包含企业和消费者、企业和企业互动的基础理论模型,阐述了企业社会责任投资和社会责任战略的决策过程。

　　本书是我在博士论文的基础上修改完成的。自 2010 年进入浙江大学,我进入一个全新的人生阶段,毕业后装载着在浙江大学所学习的知识和经验,开始承担更多的来自社会和家庭的责任,并朝着理想和梦想努力,在实现社会价值的同时,实现个人理想。感谢我尊敬的导师李杰教授和黄先海教授,博士论文的选题、框架设置、写作到定稿都离不开他们共同的指导。李教授对待学术研究的热情和执着鼓舞着我坚持自己的理想,无论这条道路有多么艰难和崎岖;他严谨和勤勉的治学态度时时刻刻提醒我必须要用科学的方法分析科学问题,每句话都要有根有据,每篇文章务必旁征博引,遇到困难绝不放弃。黄教授在学习和生活方面都给予了我很大的帮助:在师门内部,他给我们提供了共同学习和交流的平台;在师门外部,他鼓励和资助我们参加各种国内和国际的学术交流会。黄教授的宽容热诚总给我们一种家长般温暖的感觉,他平和而奋进的处事心态值得我们学习。

马　虹

2021 年 6 月 30 日

目　录

第 1 章

绪　　论

社会现实和理论发展的相互作用是社会科学理论创新的重要动力,本书的研究也不例外。本研究的背景包括现实背景和理论背景两个方面。本章从观察到的现实情况出发,提出本研究关注的中心问题,同时说明分析框架与内容安排,以及本研究的研究方法与主要创新。

1.1　选题背景与研究意义

企业社会责任(corporate social responsibility,CSR)是一个多学科交叉兼容的研究领域,包含经济学、管理学和社会学等多种学科的研究视野和方法。企业承担社会责任是企业获取社会资本的有效途径之一,反映企业对于法制伦理和商业伦理的内在认识和实践转化,对企业利润、企业绩效和市场竞争情况都会产生重大的影响作用。企业具有社会责任感的社会形象能否降低代理人成本、企业风险和企业的融资成本? 企业社会责任到底是企业的道德追求,还是企业用以提高效率和增进消费者认同感的经营战略? 在中国资本市场和债券市场的开放程度不断提高的背景下,企业社会责任能否增加出口需求,成为中国企业提升竞争力的战略手段? 本书试图对这些问题进行理论探讨和实证分析。

1.1.1 现实背景

企业社会责任是经济和社会发展到一定阶段的产物。英国、美国等西方发达资本主义国家早在 20 世纪 20 年代就已提出企业社会责任理念,但由于经济发展水平和人类认知程度的限制,该理念一直没有得到国际社会的广泛认可。直至 20 世纪 80 年代,在跨国公司的价值链不断延长以及供应链全球化的背景下,在企业社会责任倡议、标准、守则和相关政策国际化的推动下,企业社会责任活动在全球范围内才逐渐形成一种发展趋势和市场进入要求。企业社会责任的定义明确指出,企业应当综合考虑各利益相关方的利益和诉求,在考虑所在社区和环境的前提下,平衡各利益相关方之间的关系和需求,努力为企业发展营造良好的内部环境和外部环境。企业社会责任具体来说包括关注并提高产品安全和质量,职工的生产安全、劳动保障和职业发展,股东和债权人的合法权益,企业所在社区的生态环境和经济发展等。

我国企业和政府已经意识到企业社会责任意识的重要性,并逐步将其纳入企业的绩效考核范围。我国改革开放四十多年来,通过政企分离帮助国有企业建立了现代企业制度,通过所有制改革形成了多元化的资本结构,企业逐渐成为自主经营、自负盈亏的市场主体,国内市场经济秩序日趋完善;与此同时,中国实行了从沿海到内地、自东向西、由局部到全面、逐步推进的渐进式开放战略,对外开放的程度不断提升。时至今日,中国在世界经济体系中已占有举足轻重的地位,已成为全球资本链和产业链中的重要环节。西方的社会责任理念和实践正是在中国企业的国际市场渗透程度不断加深的背景下,在大型国有企业和跨国公司的示范和推动下,开始在中国广大私营企业中传播并得以实施。2006 年的《中华人民共和国公司法》修订案首次引入企业社会责任条款,2006 年国家电网发布我国首份企业社会责任报告,2008 年国务院国有资产监督管理委员会印发的《关于中央企业履行社会责任的指导意见》文件首次提出企业社会责任概念,这三大事件标志着我国进入企业社会责任发展的新阶段。

如果中国企业想要实现更有效率地"走出去",就必须在国际上塑造"具有社会责任感"的企业形象。与发达国家相比,中国的市场经济发展起步较晚,体制尚不完善,金融发展严重制约中国企业(特别是私营企业)的本国经营和国际化扩张。中国企业在运营过程中普遍存在融资难的困境,特别是在经历了 2008 年的全球金融危机后,这种情况更加严重了。如果中国企业和企业家无法从战略高度认识 CSR 及其践行结果,而将其视为企业在国际化运营过程中额外增加的成本,那么,"利润最大化"与"社会利益"之间的矛盾将进一步升级。"中国制造"的丑闻频频见诸报端,严重损害了中国企业在国际市场的声誉,例如 2008 年中国奶制品污染事件,以及富士康"血汗工厂"丑闻等。

1.1.2 理论背景

本书聚焦于企业社会责任战略和战略投资的理论分析与实证分析,并充分地考虑企业的异质性。因此,理论背景主要从社会责任战略和异质性企业这两方面分析。

(1)社会责任战略方面的理论背景

传统的关于社会责任理论研究的大量实证文献集中于对企业社会责任、企业财务绩效(corporate financial performance,CFP)以及资本市场表现之间的相互关联和影响作用。部分学者将公司金融理论和产业组织理论相结合,研究社会责任对产品市场绩效表现的影响。在寡头竞争模型中,CSR 常以企业提供垂直化差异产品(vertically differentiated products)的形式出现在经济理论模型中。但是,尚无文献在存在国际贸易的情况下用寡头竞争模型对这一问题进行讨论。

我们首先需要明确,"企业社会责任产品"(corporate social responsible product)是由具有社会责任感的企业(socially responsible firms)所提供的具有 CSR 特征的产品。CSR 特征和其他产品特征一样,可以通过引入消费者偏好函数来影响消费者对该产品的需求量。根据产品特征的差异,差异化产品可分为水平化差异产品(horizontally differentiated products)和垂直化差异产品两种。

如果 CSR 特征以水平化差异的形式引入偏好函数,则表明很大一部分消费者对 CSR 特征没有偏好,认为企业不应承担社会责任和提供公共产品(Friedman,1970)。然而,大量的实证研究发现,消费者在充分了解产品信息后,更偏好具有 CSR 特征的产品(Becchetti 和 Rosati,2007)。因此,CSR特征以水平化差异的形式引入偏好函数缺乏事实基础,而以垂直化差异的形式引入消费者偏好函数更为合理。

从需求的角度考虑,Garcia-Gallego 和 Georgantzís(2009)在封闭经济的模型中发现:在完全覆盖的双寡头竞争的设置下,消费者对 CSR 特征的偏好增加可能导致更高的均衡价格,提高具有社会责任感的企业的利润和社会福利水平;但是,一旦市场结构发生了变化(如完全垄断,或者非完全覆盖的双寡头竞争),消费者对 CSR 特征的偏好增加,反而会使社会福利水平降低。

从供给的角度考虑,CSR 战略可以通过调整单位生产成本和社会福利的权重的方式引入企业目标函数,进而对企业生产和战略选择产生影响。Matsumura 和 Ogawa(2014)认为具有社会责任感的企业会同时考虑企业利润和社会福利。Chang 等(2014)在国际双寡头竞争的设置下,分析了企业社会责任对企业利润和关税的影响作用。

国内外关于 CSR 的研究主要集中于对企业社会责任履行或企业社会责任表现和财务绩效关系的研究。但是,学者们就两者之间的关系尚未取得一致结论,从正相关(Russo 和 Fouts,1997;Waddock 和 Graves,1997)到负相关(Giroud 和 Mueller,2011),再到非线性相关(Barnett 和 Salomon,2006;Wang 等,2008),甚至不相关(Aupperle 等,1985;McWilliams 和 Siegel,2000)等都有论述。为了更深层次地探索 CSR 对 CFP 的作用机制,学者们开始关注财务表现的具体层面,如"企业社会责任-企业风险"关联(Renneboog 等,2008;Bouslah 等,2013),"企业社会责任-融资成本"关联(Ghoul 等,2011;Tang 等,2012;Cajias 等,2014),"企业社会责任-融资约束"关联(Goss 和 Roberts 等,2011;Kim 等,2014)等。

(2)异质性企业方面的理论背景

异质性企业和融资约束,及其对企业出口行为的影响是国际贸易领域的研究热点。在此基础之上,学者们开始思考企业在质量选择和管理等方面的特征是否也会对企业的出口行为产生影响。

在国际贸易领域中,新新贸易理论是以企业生产率异质性为基础的。以 Melitz 为代表的研究者们认为,影响企业的国际市场进入决策的主要因素是企业的生产率,仅生产率高的企业会选择出口,因为它们能够承担昂贵的进入成本;Redding(2011)和 Bernard 等(2011)还发现企业的出口规模由产品的固定成本和可变成本同时决定。在过去的研究中,学者们将企业的出口绩效或经营绩效的差异简单地归因于企业间生产效率的差异。但是,企业的异质性不仅局限于生产效率的异质性,还有资本异质性、产品异质性(体现在产品质量和其他特征等方面)和管理异质性等。若要系统、科学地探索出口企业成功的密钥,研究者们必须全面地考察企业各方面的异质性对其出口绩效的影响作用。

传统的贸易理论一致假设资本市场是完备的,因此,资本在全球范围内、在企业之间是有效分配的。但是,事实上,资本异质性对企业的国际市场进入和出口绩效的影响已在理论研究和实证研究中得到了学者们的肯定。企业在进入国际市场前需要从企业内部和企业外部为进入的固定成本融资,而在后期生产过程中还需要为维持生产、经营活动中的可变成本进行融资。显然地,企业面对的融资约束和融资成本会影响企业的国际市场进入决策及其国际市场竞争力,这一推论在发达国家或发展中国家都得到了经验证据的支持(Kletzer 和 Bardhan,1987;Matsuyama,2005;Beck,2002;Manova,2013)。Manova 和 Zhang(2009)、Manova(2013)、Aghion等(2010)将公司金融理论(特别是融资约束)引入国际贸易和国际投资领域的研究。Manova 认为企业所处的资本市场及其融资成本的差异性对企业间表现出不同的出口绩效具有重要的解释能力。首先,融资成本越高的企业选择出口的市场越小,销售越少的产品,特定产品在特定的市场上的获利能力越低。其次,不健全或不发达的外部资本市场将会阻碍规模较小、生产效率不高的企业进入国际市场,即使这些企业能够从国际贸易中获得更多的利润。而且,资本对出口的影响在那些严重依赖外部融资进行投资的部门中更为显著,Chor 和 Manova(2012)还发现这种影响在 2007—2009 年的金融危机时期更为严重。

更深一步的研究显示产品的垂直化差异(如质量)与企业的出口决策具有相互作用,最后反映在企业的出口绩效差异中。在 Melitz(2003)的基础上,Johnson(2012)、Kugler 和 Verhoogen(2012)将具有垂直化差异的质量特征引入偏好函数。基于 CSR 特征具有垂直化差异的现实和理论,Giallonardo 和 Mulino(2014)以 CSR 特征代替质量特征,在存在垂直化差异、垄断竞争的封闭经济中,分析了融资约束和经济周期对 CSR 的影响。企业承担社会责任的意愿是内生的,融资约束会降低企业的 CSR 意愿,而负的需求冲击能够增加企业的 CSR 意愿。

综上所述,无论是理论研究还是实证研究均表明企业社会责任和财务绩效之间存在千丝万缕的关联,而财务绩效下的融资约束和融资成本又可以影响企业的出口决策和已出口企业的利润。因此,本书使用由企业风险变化导致的融资约束和融资成本这两个变量以及理论分析和实证检验的方法来验证企业社会责任对出口企业的影响,企业社会责任和财务绩效之间关系的最终体现载体是企业利润,而中间的传导途径,本书将从声誉效应和成本效应这两个方面分别讨论。

1.1.3　问题的提出

基于上述现实背景和理论背景,CSR 影响出口企业的主要途径如下:

第一,社会责任战略对消费者偏好的作用。以产品质量提升为目标的 CSR 活动能够直接改变消费者偏好,产生的声誉效应将会扩大其影响,进而影响企业的市场份额和利润。

第二,社会责任战略对企业成本的作用。那些以生产效率提高为目标的 CSR 活动或以企业风险降低为目标的 CSR 活动,都可以表现为生产成本和融资成本的降低。在理论模型中,以生产效率提高为目标的 CSR 活动或以企业风险降低为目标的 CSR 活动用于考察社会责任战略对出口企业利润、企业出口选择或出口门槛的影响。

第三,需求层面和成本层面的影响对企业国际市场表现的作用。企业的社会责任战略可以扩大需求,通过“干中学”等效应能够提高生产率。高生产率是企业进入国际市场的基本要求,国际市场带来更大的市场需求,以此循环。

基于上述主要途径,本书关注的中心问题如下:

第一,最优社会责任投资和社会责任战略选择。最优社会责任投资即企业如何将有限的资源在生产和 CSR 战略之间合理分配,社会责任战略能否改变市场竞争格局。

第二,社会责任战略对出口企业存在的影响和机理。这就要求将企业社会责任和国际贸易理论纳入统一框架。本书首先检验社会责任战略是否影响出口企业的经营绩效;其次分析社会责任战略影响出口企业绩效的机制有哪些;最后验证这些机制的存在性和影响程度。

1.2 分析框架与内容安排

本书的主要概念界定、分析框架、研究思路与内容安排如下。

1.2.1 主要概念界定

企业社会责任、出口行为包含相当丰富的含义和内容，因此应该明确其在本研究中所采用的定义和常用的测量方法。

（1）企业社会责任的定义和内容

以是否将经济责任纳入企业社会责任概念为判断依据，CSR 可分为狭义 CSR 和广义 CSR 两种形式。McGuire（1963）将狭义 CSR 定义为：超越经济利益追求与法律约束的企业自发的社会行为，社会责任要求企业关注经营地的政治状况、企业同所在社区的关系、员工权益和其他社会利益。以 Carroll（1979）为代表的部分学者则将企业经济责任纳入企业社会责任的一部分，也就是广义的 CSR，他们将经济责任、法律责任、伦理责任和环境责任并列为企业社会责任概念的四个子维度。履行社会责任的主体是企业，然而其客体是否应该包括公司股东，这一问题是狭义 CSR 和广义 CSR 的分歧所在。笔者认为，在管理实践中，企业股东对于公司决策和治理效率具有至关重要的作用，特别是对上市公司而言，普通大众都有可能成为公司股东的组成部分，如果将社会责任与经济责任对立起来，则既缺乏理论依据又没有现实意义。关于企业社会责任的研究大多以 Carroll 四责任模型为基础。本书采用 OECD[①]（2001）对 CSR 的定义，即"企业为经济可持续发展所自愿

---

① OECD 一般指经济合作与发展组织（Organization for Economic Co-operation and Development）。

采取的商业实践"。该定义以可持续发展为核心,主要包括以下商业实践:
①促进可持续发展,关注安全、健康和社会福利;②充分考虑各利益相关方
的利益;③尊重法律法规,并与国际行为规范保持一致。为了量化 CSR 以
便于实证检验,本书在 OECD(2001)的基础上,将 CSR 分为股东责任、员工
责任、消费者责任、环境责任和社区责任五个维度。相较国际上普遍采用的
金德、莱登伯格和多米尼(Kinder、Lydenberg and Domin,KLD)数据库,本
书采用的下分指标剔除了公司治理(corporate governance)和多样性
(diversity)两个维度,将雇员责任和人权维护这两个维度合并为员工责任。
为了保证实证结果的稳健性,我们使用两个数据库的社会责任评级数据,一
个是研究中国企业常用的润灵社会责任评级数据库(RKS),另一个是投资
者常用的和讯网的年度"企业社会责任报告排名"的分数。

(2)出口行为的内涵

本书将企业国际化运营的出口成本差异引起的企业出口决策差异划分
为三类,即出口参与决策、持续出口决策与出口产量决策,分别考察不同出
口决策中企业社会责任和融资约束对企业出口行为的影响。出口成本包括
固定进入成本和可变维持成本。固定进入成本主要为拓展出口市场的费
用,包括制度成本、语言成本、市场拓展成本、营销渠道建立成本等;可变维
持成本指企业为了维持出口业务而投入的生产成本和经营成本。国内外研
究发现,本国企业在存在融资约束时,固定进入成本相较可变维持成本更容
易影响企业的出口参与决策。在存在融资约束的异质性贸易模型中,除了
企业生产率,可变维持成本是决定企业的存活年数的重要影响因素。按照
出口增长(对应出口产量决策)的来源,企业异质性贸易模型的文献将出口
增长分为扩展边际与集约边际两种,其中沿着扩展边际实现的出口增长可
以显示一国出口竞争力的提高,而沿着集约边际实现的出口增长更容易受
到外部冲击的影响,并对融资成本更为敏感。

最优社会责任投资(或战略性的社会责任)是市场驱动的,以最大化货

币收益为目标,以需求方偏好和评价为传导媒介,它是企业为对抗未来系统性风险或规避政府规制而预先采取的行为措施。类似于企业的研究与开发(R&D)投资,社会责任投资存在很高的固定成本,但是投资收益存在很大的不确定性。而且,过度的社会责任投资可能会导致企业资源浪费等负面影响,并且将超过由社会责任投资带来的生产成本降低和需求增加等正面效果,最终导致企业的利润减少。

因此,如何建立引入企业社会责任后的进出口行为理论是一个复杂的问题。本书的理论框架只是为此提供一个基本思路,不能奢求完全解决这一问题。本书在具体建立模型时也没有力求面面俱到,而是通过三个主要的模型展现出引入社会责任后出口行为等问题主要的性质和这一理论框架可能的应用。在实际建模时还会涉及一些具体情况,针对这些情况所做出的其他假设将在各章具体说明。

1.2.2　分析框架

国际贸易理论虽然成果十分丰富,但主流的国际贸易模型的研究者至今对社会责任行为或者公司金融和治理方面的异质性没有足够重视。社会责任理论则主要集中在管理学和财务绩效领域,对经营绩效和企业价值的研究提供了重要参考,但一般不考虑国际贸易问题,更不是在一个存在国际贸易的框架下建模。

本书提出一个"社会责任与国际贸易"的分析框架,其基本思想是社会责任战略通过生产成本和市场需求两个渠道影响企业的出口决策和利润。但是,与此同时,社会责任战略也会增加企业的财务负担和固定成本。这就要求企业在社会责任战略的成本和收益之间找到均衡点。因此,本书构建了一个存在国际贸易的、生产差异化产品的,以及消费者对社会责任存在偏好的经济模型(见图 1-1)。

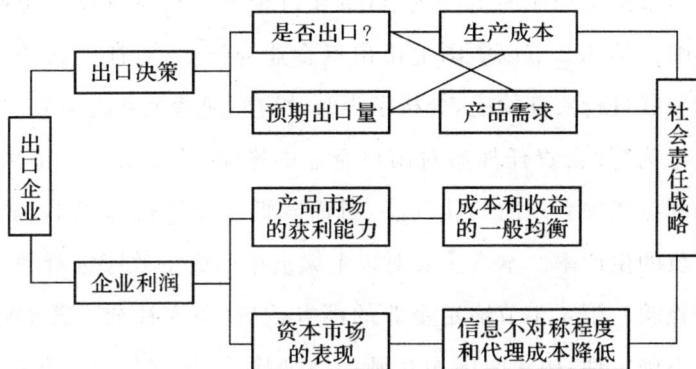

图 1-1　本书的分析框架

1.2.3　研究思路和内容安排

本书基本按照"提出问题→文献回顾→理论分析与实证分析→总结与展望"这一研究思路展开,共包括 7 章,主要内容如下。

第 1 章为"绪论",概述本书的研究背景,提出本书关注的中心问题,阐明内容安排、研究方法与主要创新。

第 2 章为"文献综述",通过对过往文献的梳理,揭示企业社会责任和企业出口之间可能的关联。本章分析企业社会责任理论和出口行为理论发展的主要历程以及今后可能的发展方向;总结经济学对两个方向研究的主要方法和关键结论;提出本书如何在继承两个领域理论成果的基础上进行创新,确立本书将企业社会责任整合进出口行为理论作为基本分析框架。

第 3 章为"社会责任战略对出口企业的影响:声誉效应",即利用 CSR 战略提升企业形象,增加消费者的认同感。本书将 CSR 战略对企业利润的传导机制归纳为声誉效应和成本效应。CSR 战略可以通过声誉效应、成本效应和两者的共同作用影响出口企业,具体表现为对企业利润和出口决策的影响。本章主要对以上渠道中的声誉效应进行理论模型分析和实证检

11

验。第 3.1 节给定企业的生产成本,单独讨论声誉效应对出口企业产出和收益的影响。第 3.2 节以中国上市出口企业为样本,对社会责任和企业价值之间的关联进行实证检验,分析了声誉效应对两者关系的调节作用。

第 4 章为"社会责任战略对出口企业的影响:成本效应",即由 CSR 战略增进各利益相关者之间的认同感,进而降低企业的运营成本、融资成本,并提高雇员的生产率。本章主要对以上渠道中的成本效应进行理论模型分析和实证检验。第 4.1 节给定企业的声誉效应,引入社会责任战略对生产率影响的不确定性,构建两国相互倾销模型检验:在贸易自由化的冲击下,社会责任战略对出口门槛的影响(微观层面)、企业预期国内和国外产出的影响(微观层面)、社会预期总产出和企业数量的影响(宏观层面)。第 4.2 节运用案例分析 CSR 战略的成本降低渠道的商业实践。

第 5 章为"基于声誉效应和成本效应的动态结构模型",旨在分析声誉效应和成本效应对出口企业的利润和决策可能产生的共同影响。第 5.1 节构建了一个关于成本效应和声誉效应的动态机构模型,研究了社会责任战略分别对生产成本(或生产率)和出口需求的影响,以及出口决策和社会责任战略的选择及其对企业利润的边际影响。第 5.2 节在第 5.1 节构建的动态结构模型的基础上,设定了相应的实证模型,并用中国上市工业企业数据对模型参数做了估算,检验了社会责任战略分别对生产成本(或生产率)和出口需求的影响程度。

第 6 章为"最优社会责任投资和社会责任战略选择",提出了最优社会责任投资的概念,以及企业在市场竞争中如何做出战略选择。本章主要运用产业组织理论和博弈论的知识,对社会责任投资和战略进行理论建模。本章通过霍特林(Hotelling)模型分析每一种策略下的最优企业社会责任投资额度,在市场竞争中分析纳什均衡或社会责任战略的决策方式,考察社会责任战略对企业所面对的市场竞争情况和社会福利的影响。本章的模型分别就成本对称和成本非对称两种情形进行理论讨论,侧重于 CSR 战略和市场定位之间的互动。

第 7 章是"基本结论与政策建议"。本章对以上各章的理论发现和经验结果进行总结,并提出这些结论对中国企业发展的经验启示;综述本研究对现有国际贸易理论和社会责任理论研究方面的贡献和本研究的局限性,并对相关学科的研究方向和研究方法提出建议。

1.3　研究方法

本书采用的研究方法主要有三种。

研究方法一:文献分析法。该方法主要涉及四个方面的文献:一是关于企业社会责任对融资成本影响的文献,这方面的文献相当丰富和成熟,通过进一步梳理,明确本书对已有理论的继承和发展;二是关于企业社会责任对生产率影响的实证研究和经验分析的文献;三是关于生产率和融资成本对出口行为影响的文献,这方面的文献主要集中在产业经济学和国际贸易学领域,为本书将企业社会责任纳入出口行为模型提供理论资源;四是关于以经验分析为主的市场竞争对企业社会责任影响的研究的文献,通过梳理这方面的文献,我们从理论和经验两个方面发现主流企业社会责任理论所忽略的出口行为问题和不能解释的社会现象。

研究方法二:数理模型法。本书的基础模型和声誉效应部分都运用了产业组织理论中经典的 Hotelling 模型,我们将声誉效应、成本差异、社会平均水平等一系列可影响企业决策的变量纳入同一理论模型,使用静态比较分析的方法,探讨了 CSR 战略的决策过程及其对市场份额、利润分配和社会福利的影响作用。Hotelling 模型的核心在于能够观察企业、消费者以及其他竞争企业之间的互动关系,适当的假设和行为设定是非常适合用于本书关于最优社会责任投资和社会责任战略选择部分的分析的。另外,在分析工具的选取上,本书模型的基本分析工具是博弈论方法、微分方程和矩阵,在出口决策模型中涉及马尔可夫链。本书运用了多种数据分析软件和数理推导软件,主要包括 R 语言、Mathematica 程序。

　　研究方法三:计量分析法。这种研究方法将定性的理论模型用量化的实证模型进行经验分析和实证研究,被广泛运用于国际贸易和管理学领域的研究。实证模型的设置建立在理论模型的基础之上,参数的设置同样以理论分析为基础。实证数据通过下载图书馆数据库和手工收集企业财务报告得到。实证模型涉及时间序列中的马尔可夫蒙特卡罗方法(MCMC)和选择模型中的赫克曼(Heckman)两阶段检验。

　　研究思路、内容安排与研究方法见图 1-2。

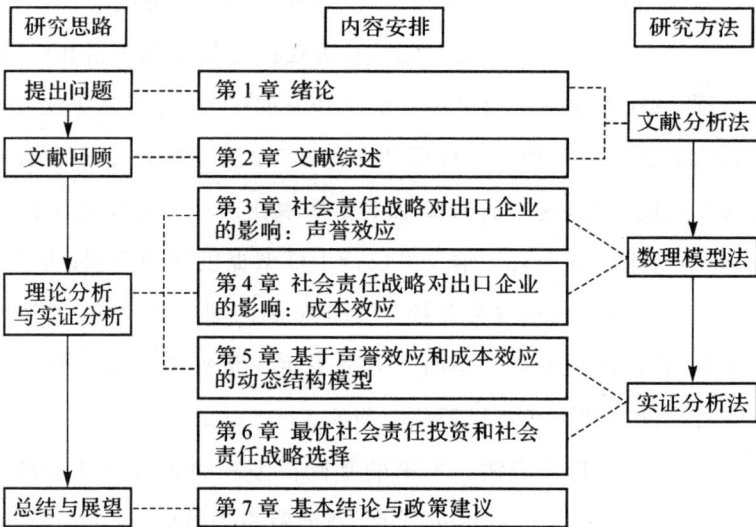

图 1-2　研究思路、内容安排与研究方法

1.4 主要创新

本书的主要创新可归结为三点。

第一,本书首次使用产业组织理论模型对企业社会责任的声誉效应建模。通常运用经济学方法分析的企业社会责任研究侧重于企业的公共产品供给对社会福利的影响,很少考虑企业、消费者以及竞争企业互动的情况。通过 Hotelling 模型和加入声誉效应的扩展模型,本书能够将这些利益相关者及其之间的互动关系在同一框架下进行机理分析,并给出企业的 CSR 战略选择行为的经济解释。本书的基础模型和声誉效应部分将声誉效应、成本差异、社会平均水平等一系列可影响企业决策的变量纳入同一理论模型,使用静态比较分析的方法,探讨了 CSR 战略的决策过程及其对市场份额、利润分配和社会福利的影响作用。我们通过模型分析发现,CSR 战略能够帮助具有成本优势的企业扩大市场份额,也可成为存在成本劣势的企业保护利润空间的战略手段。在企业的成本优势足够大的情形下,优势企业的 CSR 战略能够通过提供更受消费者偏好的差异化的产品和制定更高的销售价格收获超额利润。劣势企业为保证自己的利润空间不会因为竞争企业的良好社会形象而受到压迫,实施 CSR 战略必然成为它们的最佳选择。

第二,本书使用动态结构模型阐明声誉效应和成本效应的交互作用机制,并设计了相应的实证模型来验证两种效应。本书的动态结构模型动态地刻画了声誉效应、成本效应,以及通过生产率和出口需求的互动体现出的两者的交互作用。在该理论框架下,本书能够对出口决策和 CSR 投资决策各自对企业产生的边际收益进行估值。相应的计量结果显示,出口决策和 CSR 投资决策分别提高生产率 3.5% 和 1.5%。中国上市工业企业中不存在这两种决策对生产率的联合作用。出口决策和 CSR 投资决策都会持续地对出口需求产生正向冲击,分别导致出口需求增长 4.9% 和 3.2%。

第三,本书将社会责任战略整合进异质性企业的国际贸易模型。由于主流的社会责任理论和实证研究均未对出口企业的特殊性给予足够的重视,本书基于出口企业的成本模型拓宽了社会责任理论的视野,并为社会责任理论的下一步发展提供了思路。在实证检验的过程中,本书结合马尔可夫链蒙特卡罗(MCMC)方法,模拟和检验相关的决策过程,为研究社会责任对出口决策和出口利润的动态关联提供了一种实证方法。

第2章
文献综述

本章对本书理论的两个重要来源——社会责任理论和出口行为理论的发展脉络和主要成果进行梳理和述评。社会责任理论和经验研究集中于对企业绩效的分析,学者们从不同的视角分析了"CSR-企业绩效"关联的不确定性。但是,关于社会责任战略对企业出口行为的影响,社会责任领域的主流模型尚未对此问题做出相应的解释。另外,影响出口行为的因素的理论主要集中于企业生产力发展和融资约束,企业管理层面(特别是企业社会责任)对企业行为的影响尚未得到充分重视和系统分析。

本章认为,履行社会责任可以通过生产率提高、融资成本降低、市场需求转变等渠道影响企业的出口决策、出口行为和出口利润。本章将以文献回顾的方式分别就这三种渠道展开讨论。

2.1 社会责任战略、偏好和需求

企业社会责任战略的提出源于消费者偏好和利益相关者的需求,因此,本节对相关的概念及其之间的关系加以厘清。

（1）概念和驱动力

最优社会责任投资，顾名思义，表示企业必须在社会责任投资的成本和相应的收益之间平衡利益，是从社会责任战略的概念中引申而来的。最优社会责任投资的确定是企业为实现目标函数最大化或利润最大化而做出的关于投资额的最优策略。最优社会责任投资的出发点还是企业利润，企业社会责任战略就是企业自发地或主动地提供社会公共物品，其出发点是为了实现利润或者目标函数的最大化。

事实上，社会责任战略领域的核心问题是 CSR 战略是否能够提高企业利润，学术界尚未形成统一的结论。对该问题的分析主要有以下三个方向。第一个方向是从"摩擦减少-生产成本降低"的角度出发，其主要观点为：企业为规避政府惩罚，减少与其他利益相关者的矛盾冲突而投资 CSR 项目，可以激励企业以技术创新的方式降低生产成本，继而获得竞争优势。比如，CSR 表现优异的企业能以相对低的工资吸引和保有具有相同价值观的优秀雇员（Fombrun 和 Shanley，1990；Phillips，2007）。第二个方向是"道德资本"论，从企业股东和债券所有者的角度出发，发现具有社会责任感的企业具备生产成本低和社会声誉高的特点，企业同各利益相关方的良好社会关系会形成"道德资本"，从而在商业运作中发挥商业保护的重要作用（Godfrey，2005）。然而，代理人问题使得股东价值和债权人价值不可能同时实现（Menz，2010），CSR 对于降低企业的融资成本并未表现出显著作用（Renneboog 等，2008）。第三个方向是以 McWilliams 的组织行为理论为基础，实证研究企业社会责任表现与企业财务绩效之间的关系（Margolis 和 Walsh，2003；McWilliams 和 Siegel，2000；Orlitzky 等，2003）。其主要结论为：企业社会责任与财务绩效的关系并不非常明显，但是通过控制企业规模、所在行业分类和投资项目类型，发现行业类别和投资项目类型对企业社会责任表现与企业财务绩效的关系具有相对重要的影响。如 Margolis 等（2009）使用荟萃分析方法（Meta-Analysis）对 167 个研究中提出的 192 种

CSR 效应的假说进行分析后发现,在某些维度中企业社会责任表现对企业财务绩效具有极强的正效应(如社会慈善捐助、环境保护措施以及企业社会责任表现报告等),而在另一些维度中两者的关系却非常弱(如企业政策和透明度等方面),但两者的关系会随着第三方审计的加入而增强。

社会责任战略和其他企业战略是存在区别的,但是在模型中可以表现为垂直化产品差异特征,并以此区别于其他不具备社会责任特征的产品。关于社会责任战略与差异化产品供给战略之间的关系的研究大多基于产业组织理论的经济学分析框架。

社会责任战略是市场驱动的,以最大化货币收益为目标,以需求方的偏好和评价为传导媒介,它是企业为对抗未来系统性风险或规避政府规制而预先采取的行为措施。CSR 投资的驱动因素可能源自企业内部的力量,如雇员和工会压力;也可能来自企业外部的力量,如消费者的高度关注或政策制定者的强制要求等。以 Baron(2001)为代表的经济学者发现,实施战略性 CSR 策略的企业可以通过战略定价的方式将高昂的社会责任履行成本在企业和消费者之间重新分配,企业可以从消费者更高的企业认同感和更高的保留价格中得到补偿。因此,从消费者偏好的角度出发,CSR 战略可以分别从数量和价格两个方面增加企业利润。CSR 战略的数量效应是指一群有偏好差异的消费者可以从增加对 CSR 产品消费的过程中获得额外效用,同时,企业用于 CSR 的额外投资成本被更高的市场份额所弥补。CSR 行为的价格效应是指"具有社会责任感的消费者"往往对 CSR 产品有更高的评价并愿意支付更高的价格。Bagnoli 和 Watts(2003)认为企业为争取这一部分的消费者,会主动增加公共物品供给或追加 CSR 项目投资,因此 CSR 项目的最优投资水平还会受到市场竞争激烈程度的影响。但是,当企业处于伯特兰德价格竞争(Bertrand price competition)或市场处于恶性价格竞争时,企业由于定价区间受到限制且无法补偿其 CSR 投资成本而无法实施 CSR 战略。综上所述,消费者对差异化产品的偏好越强烈,且市场竞争不以价格竞争为主基调时,能够给予企业越多的利润空间实施战略性的 CSR 项目。

在市场营销方面的学者多采用现场实验或者问卷调查的研究方式讨论 CSR 投资对消费者行为的影响,主要包括 CSR 行为的广告效应和品牌效应。CSR 行为可以通过以下两种方式影响消费者评价和消费者购买意愿:第一,CSR 行为可传递"质量信号",企业通过向慈善组织或非营利性的非政府组织(NGO)捐款等方式传递"高质量产品"的信号。实验结果证明,消费者确实对单纯性的 CSR 投资行为给予较高的评价(Navarro,1988)。第二,消费者可以通过参与更多的 CSR 项目以取得心理需求的满足感,"参与型"的 CSR 活动有助于企业降低消费者对企业"打广告"的认知,能够低成本地增加消费者的购买意愿。Bhattacharya 和 Sen(2003)指出,企业愿意投资 CSR 项目源于消费者和企业的社会特性,当这两类群体的社会特性相互匹配时,即消费者的社会特性与企业的社会责任形象相匹配时,这些消费者对该企业的产品会有更高的忠诚度。

国内学者主要采用案例分析或实证方法研究企业责任履行对公司绩效的影响。沈洪涛(2005)在实证分析中,在合理控制公司规模、行业、地区和年份等变量后,研究了企业社会责任表现、企业产品市场绩效、财务绩效和企业风险这四个维度之间的关系,结果显示企业当期的社会责任表现和财务绩效之间存在显著的正相关关系。以我国沪市 2003 年 521 家上市公司为样本,李正(2006)检验了企业社会责任表现与企业价值之间的关联,结果显示当期的社会责任表现和企业价值是负相关的。陈玉清和马丽丽(2005)以我国沪深两市上市的公司的社会责任会计信息披露状况为因变量,分析了企业的社会责任表现与企业价值之间的关联,结果显示两者之间并无显著关联,但是,计量结果的行业间的差异性非常显著,也就是说行业特点可能是造成两者关联不确定的一个重要因素。国内的实证研究没有考察 CSR 投资决策的决定方式以及企业与消费者之间的互动过程。

（2）市场需求层面的变化

履行社会责任对出口行为的影响是在企业产业链延伸的过程中实现的，通过各利益相关者基于自身偏好及其利益最大化目标对企业社会责任履行的反应而发生作用。譬如，企业通过在本地招募员工可以缓解当地劳动人口的就业问题，若企业自愿遵从社会责任标准 SA8000，那么就可以避免当地社会群体和监管部门对企业在"人权"和"公平贸易"这两个方面的问责，也可以避免发达国家企业在跨国采购过程中对这一职业健康安全管理体系标准提出的审核要求。再如，2009 年通用电气公司（GE）的"绿色"产品一年的销售额高达 180 亿美元，这相当于同年《财富》杂志排名第 150 位的企业的总市值。事实上，这种同时注重社会效应和消费者需求的产品，作为一种具有普通适用性的产品，能够更多地得到各国社会群体的关注和推介，受到全球具有共同价值观的消费者的欢迎，这种社会需求可以增加企业的出口倾向或提高出口量（Rodrigue 和 Soumonni，2014）。

企业的根本目的是利润最大化，因此，企业履行社会责任也可视为其为实现该目的而进行的一项投资（Jensen，1988），其目的是给产品赋予具有社会责任感的特征，为消费者提供区别于其他竞争对手的差异化的商品或服务。为了保证消费者能够在成千上万的商品中找到自己想要的商品，这些具有社会责任感的产品在销售中往往会贴有相应的由第三方监督和发放的"标签"（如绿色环保标志、质量认证标志等）。消费者通过购买这些商品，奖励企业的社会责任投资行为，间接地履行社会责任；同样地，消费者也可以共同抵制社会形象差的企业的商品，迫使企业停止不负责任的行为或是将其逼出产品市场。

2005 年，英国对 1005 名 16 岁以上的消费者进行调研，数据显示：80％的消费者表示企业的社会形象及其社会贡献是影响其做出购买决策的重要因素；35％的消费者会选择购买极具社会责任感的企业的商品（Fliess 等，2007）。同年，英国对 2025 名 16 岁以上消费者的另一调研数据显示，33％

的受访者在过去的 12 个月内曾购买过 5 件及以上的道德产品(ethical products),主要包括家养鸡蛋、可回收产品、公平贸易认证产品(fair trade certified products)、有机产品、节能家电以及非转基因产品等。消费者对具有社会责任特征的商品的偏好不仅仅在英国非常普遍。2000 年,公平贸易组织成员之一 Alter Eco 对 600 名消费者进行调研,数据显示,64%的消费者想要了解自己购买的商品的生产状况,73%的消费者表示由第三方认证的标签会影响其购买决策。环球扫描(GlobeScan)咨询公司在 2005 年对加拿大消费者进行调研,92%的受访者表示更倾向于购买具有社会责任感的、环境友好企业的商品或服务;民调机构易普索-瑞德(Ipsos-Reid)在 2003 年的数据也表明,55%的加拿大人在给定商品其他特征的前提下会优先购买具有社会责任感的企业的产品。

以上事实说明,在发达国家中,非常多的消费者是关注企业的社会责任履行状况的,并且会对他们的购买决策产生影响。随着贸易一体化程度的不断推进,国际商品贸易或服务贸易渗透在各行各业中,那么,本国消费者的购买决策是否会对其他国家的贸易方向、贸易总量和贸易结构产生影响呢? 首先,若一国生产的商品由于其负面的社会影响而不受其他国家消费者的青睐,那么,这个不负责任的生产商是不可能进入国际市场的。其次,在给定国际市场需求不变的前提下,社会责任感强的企业的商品出口总量会明显多于社会责任感弱的企业。最后,社会责任的履行状况在行业间是存在差别的,当国际市场对具有社会责任特征的商品有更大的需求的情况下,出口国的贸易结构将会发生变化。

大多数的现有文献关注的是国际贸易对环境的影响。Copeland 和 Scott(1994)发现,国际贸易会提高在污染密集型商品方面具有比较优势的国家的污染水平。事实上,发展中国家和发达国家间的贸易会导致污染在两者之间重新配置(Ederington 和 Minier,2005;Levinson 和 Taylor,2008)。关于企业决策和出口行为的研究相对较少。Kaiser 和 Schulze

(2003)、Girma 和 Pisu(2008)分别利用印度尼西亚和英国企业层面的数据对减排和出口行为之间的关系进行实证研究,他们发现出口企业会更多地采取减排措施。

2.2　社会责任战略与生产成本

企业社会责任主要通过两种渠道影响生产成本:一是融资成本层面的影响;二是生产率层面的影响。

(1)融资成本层面的影响

①社会责任表现好有助于降低企业和投资者或债权人之间的信息不对称程度,减少这部分摩擦所导致的融资成本增加额;

②社会责任的履行直接作用于企业的经营风险和财务风险,可降低行政罚款或者被消费者集体抵御的可能性;

③社会责任的履行能够促进企业同各利益相关者之间的共同认知感,有助于降低代理成本、拓宽融资渠道。

(2)生产率层面的影响

①与雇员或所在社区相关的社会责任投资(或社会责任行为)能够提高企业在社区内的名声,营造和谐的工作和生活环境;

②这种更好的形象和环境有助于提高雇员的生产率,激发雇员的潜力和创新,降低由社区内其他利益相关者和企业发生矛盾而可能引致不必要的成本的风险;

③增加雇主与雇员之间的认同感,帮助企业从情感层面吸引和留住特殊人才,降低企业在劳动力市场上的搜索成本。

2.2.1　融资约束和融资成本

企业会由于各种因素面临融资约束,也会通过各种手段降低融资成本。

(1)融资约束的定义和度量

企业需要为其日常的生产、经营和投资活动进行融资,成本较低的融资方式是利用企业的自有现金流从内部进行融资(即内部融资),当无法满足资金的需求时,它们不得不从企业外部进行融资。中国企业进行外部融资的两种主要方式是证券市场的权益融资和依赖银行系统的债务融资。无论使用哪种方式进行外部融资,一般而言,企业外部的融资成本高于企业内部的融资成本。企业和资金供给方之间存在"信息不对称"和"代理成本"等问题,继而导致和加剧企业的内外融资成本之间的差异度,即广义的融资约束问题。狭义的融资约束是指由于外部融资成本过高或者信贷配给等因素,企业的资金需求无法得到满足,从而导致企业面临融资约束。总而言之,当企业的内外部融资成本的差异非常大的时候,企业可能无法为生产和经营顺利融资,特别是类似于出口和社会责任战略等需要固定投资成本的项目,这也就是企业所面临的融资约束问题。

公司金融中的莫迪格利安尼和米勒(Modigliaui & Millen,MM)模型理论认为,在资本市场是完备的、没有摩擦的情况下,企业从内部融资和从外部融资这两种方法之间是可以完全替代的,因此,公司本身的财务状况不会影响其融资成本。但是,无摩擦的资本市场在真实的商业环境中是不存在的。信息不对称会导致在融资过程中出现"逆向选择"和"代理问题",最终导致外部资本与内部资本之间不存在完全的替代关系。因此,在给定企业内部现金流的情况下,企业的融资约束也可以指企业从外部获得资金的约束程度。信息不对称程度越高,代理成本越高,则企业面临的融资约束也越大(Greenwald 等,1984;Myers 和 Majluf,1984;Bernanke 和 Gertler,1995)。

学者们常用一些间接的指标进行度量,主要有:第一类,与企业特征相关的单变量指标,如公司规模(Oliner 和 Rudebuseh,1992;李延喜等,2007)、股利支付率(Vogt,1994)、债券等级(Whited,1992;Gilchrist 和 Himmelberg,1995;Erickson 和 Whited,2000)、债务融资溢价(蔡晓慧,2013)等;第二类,基于公司财务数据的多变量指数型指标,如 Cleary(1999)选取企业的流动比率、固定利息保障倍数、财务松弛、净利润率、主营业务收入增长率和资产负债率等财务数据,利用多元判别分析法构造了度量企业融资约束的多变量指数,而李焰和张宁(2008)使用企业投资现金流指标和财务政策指标(Kaplan 和 Zingales,1997)构建了一个综合财务指标评分模型;第三类,以现金流敏感性模型为基础的间接度量法,如 Carpenter 等(1998)提出的投资-现金流敏感性模型(沈红波等,2010;邓建平和曾勇,2011)、Weisbach(2004)提出的现金-现金流敏感性模型(王少飞等,2009;潘克勤,2011;成力为等,2013)。

(2)融资成本的定义和度量

融资成本是指公司取得资本使用权所付出的代价,其按照资金的来源分类,可分为股权融资成本和债务融资成本。股权融资成本是投资人根据预期的获利能力和风险水平要求确定的最低资本报酬率,对于上市公司而言,即吸收普通股资金所需要支付的成本。债务融资成本是债权人通过预期企业未来的偿债能力和风险水平等情况确定的最低资本报酬率,即公司需要支付给债权人的利息。

股权融资成本的度量常使用资本资产定价模型(CAPM)、股利增长模型、债券收益加风险溢价模型等。CAPM 是在资产组合理论的基础上发展起来的,该模型提出股权融资成本是无风险利率与市场风险溢价之和,无风险利率通常用长期政府债券的到期收益率衡量,而风险溢价是利用历史数据得到的权益市场平均收益率与无风险资产平均收益率之差。但是,CAPM 是建立在非常严格的假设之上的,如有效市场假设、投资者完全理性假设,以及投资者可以按照无风险利率自由地借贷资本。

债务融资成本主要包括企业需要支付的利息和其他融资费用。在实证研究中,常用的方法有存量法和流量法。存量法是用企业当年的利息支出除以其年均负债总额的方法计算企业的债务融资成本(姚立杰和夏冬林,2009);流量法用的是加权平均后的本年新增的债务融资成本。其他还有使用利息支出占公司平均负债的比率、净财务费用占公司平均负债的比率,以及净财务费用占公司平均负债的比率等指标(李广子和刘力,2009)计算的。

2.2.2　社会责任对融资约束和融资成本的影响

虽然传统的企业社会责任相关研究就企业社会责任和企业财务绩效或企业价值间相互影响的方向尚未达成一致意见(Orlitzky 等,2003;Baron 等,2011),但是学者们认为企业社会责任对其财务绩效是存在影响的,特别是对企业的现金流或企业风险具有显著影响(Luo 和 Bhattacharya,2009;Bouslah 等,2013)。而企业现金流和企业风险会直接影响其面临的融资约束程度。

首先,企业社会表现可以通过改变企业风险、投资者偏好和期望收益影响公司的产品价格和股票收益率。对于上市企业,部分学者结合企业股票收益率数据和资产组合理论,研究企业社会责任与金融市场中风险定价之间的关联关系。企业风险可以分为系统性风险和个体风险。若金融市场是完备的,那么投资者会根据期望收益最大化的原则持有"一篮子的资产",资产价格是对该资产组合的系统性风险的补偿(Fama 和 French,1993)。Lee 和 Faff(2009)发现社会责任仅与个体风险是负相关的,与系统性风险没有显著关联。Luo 和 Bhattacharya(2009)发现无论是系统性风险还是个体风险均与社会责任负相关。Goss(2012)使用 KLD 数据发现企业的个体风险还与社会责任的履行维度有关,而且对社会责任不足更为敏感。针对不同的社会责任维度对企业风险的影响,国外学者也做了细致的研究,他们发现雇员关系、社区关系和环境保护这三个维度对降低企业风险具有显著影响（Salama 等，2011；Oikonomou 等，2012）。这些研究有些是用加总的社会责任指数体现企业的社会责任表现，另一些则是用不同维度的不足指数和优势指数体现相应的社会责任表现。这两种方式均有其不足之处。不同维度的社会责任对企业风险的影响并非完全相等，因而加总的社会责任指数可能混淆不同维度的作用。不足指数和优势指数不能简单加总，Mattingly 和 Berman（2006）通过实证研究发现这两个指数对企业绩效的作用并非绝对相反。因此，本研究同时使用加总的社会责任指数、不同维度的社会责任指数以及企业在特定社会问题上所具有的不足指数和优势指数来衡量企业的社会责任履行状况。Fama 和 French（2005）还发现投资者的偏好会影响资产价格。

　　好的企业社会表现可以通过融资渠道的扩增来达到缓解融资约束程度的目的。融资渠道的扩增可以从各个利益相关者的角度逐个突破。融资渠道指的是实现企业正常经营和生产的资金来源，包括内部融资和外部融资两种渠道。内部融资是指企业将过去的自有资金和在生产经营过程中实现的资金积累部分用于未来的投资活动，具体包括企业的自有资金、企业应付税费和利息、企业未使用或未分配的专项基金。这种融资方式对企业信息透明度的要求低，但是能够融资的数额与企业利润密切相关。这是企业日常生产、经营活动所需资金的主要来源。外部融资主要包括银行信贷资金、非银行金融机构信贷资金、其他企业资金、民间资金和外资等。外部融资是企业为启动与企业战略相关的大型项目募集资金的重要手段，具有速度快、弹性大、资金量大等优点，但是对企业信息透明度和负债能力提出了非常高的要求。履行社会责任对融资能力具有正面作用。企业通过履行社会责任能够更好地处理同各利益相关者之间的关系，这有助于降低企业的代理成本。这是因为更好的利益相关者关系能够限制管理者的不利于企业发展的短期机会主义行为（Tirole 和 Benabou，2010；Eccles 等，2012），并最终减少企业的合约成本(Jones,1995)。企业在履行社会责任的过程中会以社会责任报告的形式向公众和媒体更多地公开与企业经营相关的信息(Dhaliwal等,2011),并以公益活动或其他方式在生产和经营的过程中在社会中传递具有社会责任感的企业形象,这种做法有助于减少信息不对称导致的市场无效问题,同时是区别于其他企业的社会责任战略(Tirole 和 Benabou,2010)。代理成本和信息不对称程度的降低都能够显著提高企业的融资能力,特别是融资渠道的扩展和融资成本的降低。除此之外,企业通过增加社会责任投入和改良生产工艺等方式保证企业、社会和生态环境三者和谐发展,并以此保证企业不会受到监管者苛刻的环保要求或其他行政要求的惩罚,避免投资者遭遇与企业社会责任履行相关的"黑天鹅事件",最终降低企业所面临的融资约束(Hubbard,1998)。

另外,融资约束对社会责任履行具有反作用。融资约束是由于企业的信用不足而无法从外部获得银行贷款或其他商业信用贷款,不具备发行公司债或企业权益的能力,企业资产流动性不足或负债率过高等而产生的(Lamont 等,2001)。融资约束对企业运营,特别是投资策略、资本结构和股票价格,具有显著的影响作用(Lamont 等,2001;Stein,2003;Hennessy 和Whited,2007;喻坤等,2014)。企业可能因为经营战略、管理者私人偏好和社会压力等而履行社会责任。任何形式的社会责任承担都是需要成本的,都会对企业的融资能力提出更高的要求。那些本身融资难、融资成本高的企业履行社会责任的能力相对较弱,这将迫使其放弃社会责任履行,有时甚至产生不道德的行为。

企业履行社会责任可能会降低企业的融资成本。主要原因有:①履行社会责任作为一种战略投资,可增加企业的无形资产,如企业名声和人力资本;②企业信息透明度增加,代理成本降低;③预期的企业风险降低。但是,企业过度或者不适当地履行社会责任也有可能会增加企业的融资成本,主要是资金所有者对企业经营者可能出于私人原因而非企业战略角度的考虑,无效率地使用借贷资金,进而引发对违约风险的担忧。

　　融资成本反映的是资金使用者支付给资金所有者的报酬,包括融资费用和资金使用费这两部分。按融资方式区分,融资成本主要包括债权融资成本和权益融资成本。这两种融资方式相对应的融资成本是不同的,国内外学者就哪一种融资方式的成本更低这个问题尚未达成一致意见。在我国,很多学者认为权益融资成本远低于债权融资成本(李向阳,1998;黄少安和张岗,2001),当然也有持相反意见的(陈晓和单鑫,1999)。无论是权益融资还是债权融资都与企业的社会责任履行存在重要关联,而社会责任与融资成本的关联也开始引起学者们的广泛关注(Kempf 和 Osthoff,2007;Sharfman 和 Fernando,2008;Ghoul 等,2011)。

　　Ghoul 等(2011)详细地讨论了企业社会责任履行和权益融资成本之间的关系。他们发现,在履行社会责任方面表现好的企业相较于表现差的企业往往具有更低的权益融资成本,原因如下:①在履行社会责任方面表现好的企业由于投资者偏好和信息透明度的提高等吸引到更多的投资者,而更多的投资者可通过分散企业风险的方式使得权益融资成本降低(Merton,1987;Heinkel 等,2001);②通过文献分析可知,企业的社会责任履行状况和企业风险是存在关联的,而且,研究发现社会责任感差或社会责任形象差的企业将面临更大的企业风险(Frederick,1995;Robinson 等,2008;Starks,2009),企业资产的价格会根据企业风险而做出相应的调整,最终导致权益融资成本的降低。Ghoul 等(2011)使用四种不同的模型衡量企业的权益融资成本,最后得到的实证结果都是稳健的。

　　Ghoul 等并没有考虑履行社会责任与债权融资成本之间的关系,这是本章额外增加的考虑内容。债权融资是一种通过银行或其他金融机构进行的长期债券融资,其资金成本是金融机构根据企业的生产和经营情况、资产和债务状况以及企业信用等预先设定的。相对权益融资成本而言,债权融资成本具有成本固定、容易度量的特点,但是其信息获得的难度较大。为了解决这个问题,本章将以沪深两市上市的中国企业为样本,从社会责任报告和企业年度报告中截取与债权融资相关的信息,以检验社会责任履行状况和债权融资成本之间的关联。

2.2.3 社会责任对生产率的影响

在 2008—2010 年的金融危机期间,全球主要的经济体均陷入危机当中。中国虽然也经历了国内生产总值增速减缓和失业率增加的阶段,但是很快就从衰退中走了出来,这主要归功于中国企业在生产上的创新和产业转型升级。2004—2012 年,中国制造业的生产总值和价值增加值在全球制造业的占比均呈现出上升趋势(见图 2-1 和图 2-2)。在劳动力成本不断提高的背景下,中国制造业在全球的快速发展是和生产率的提高紧密相连的。Myers(2009)基于英国政府经验提出提高生产率的五个驱动力:技能(skills)、投资(investment)、创新(innovation)、竞争(competition)、企业和企业家精神(enterprise and entrepreneurship)。

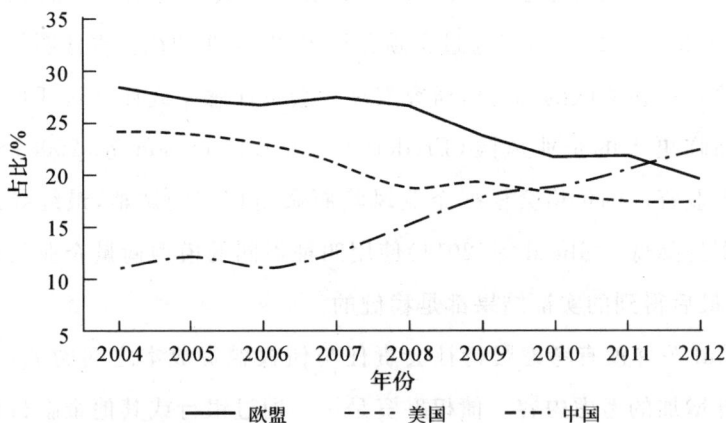

图 2-1 欧盟、美国和中国的制造业生产总值在全球制造业的占比(2004—2012 年)

除此以外,企业还有其他途径能够在经济不景气的时候提高企业竞争

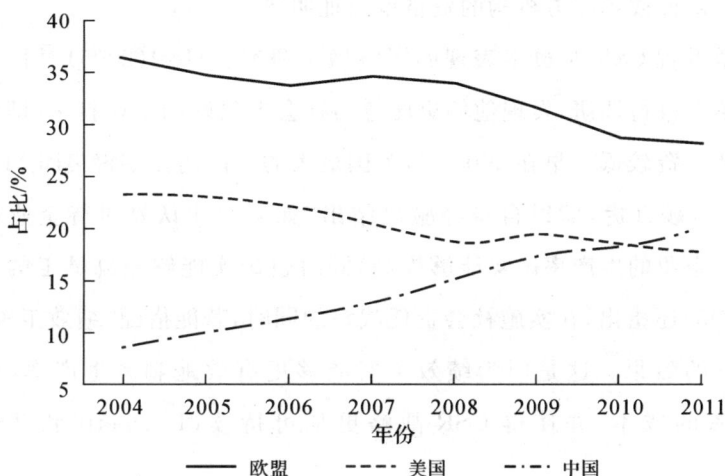

图 2-2　欧盟、美国和中国的价值增长值在全球制造业的占比(2004—2012 年)

力和生产率,如社会责任投资(Podolny,1993;Stuebs 和 Sun,2010;Fombrun,1996)。企业社会责任投资可以提高企业名声,类似于广告,进而提高工人的效率和生产率。企业名声是"企业的利益相关者关于企业过去行为和未来预期的感知,是企业与其竞争公司之间的竞争力的对决"(Fombrun,1996)。企业名声还作为一种无形资产(Schnietz 和 Epstein,2005),对企业发起和实施 CSR 战略起到了至关重要的作用(Vilanova 等,2009)。Vilanova 等(2009)发现,企业名声是企业的 CSR 政策或 CSR 战略能够在利益相关者之间有效传导并转换为企业竞争力的重要保证。可信的 CSR 投资能够提高企业名声,继而转化为更好的企业绩效。好的企业名声确实能够产生成本优势(Podolny,1993),并和更高的企业效率紧密相连(Stuebs 和 Sun,2010)。企业名声能够增加企业及其利益相关者之间的信任和关联,减少合作过程中不必要的成本,提高合作的效率。比如,合作企业不必每次都通过现场考察来降低出现意外损失的概率。现在许多大型跨国公司都在供应链上对企业的社会责任实施情况做了要求,有的甚至要求提供国际认证或第三方机构的资格审核证明等。

有学者就CSR对员工表现的影响做了研究。Heal(2005)对百余名工商管理硕士进行调研,发现他们更愿意为社会形象好的企业打工,即使这些企业给的工资较低。早在2005年,英国最大的跨国商业零售集团Marks & Spencer(玛莎百货)就以自身经验总结出"如果企业认真对待企业社会责任,那么,企业的生产率确实能够提高,同时也确实能够鼓舞员工的士气"。Heal(2005)还指出,在实施社会责任战略的同时,若能搭配"绩效工资"可以发挥更好的效果。这是因为绩效工资能够更有效地刺激生产率,以补足CSR投资的成本,并使得CSR战略更加可持续(Becchetti 和 Trovato,2011)。

CSR战略可能会提高企业的社会名声,而好的社会名声有助于企业吸引和激励优秀的雇员,同时有助于吸引和留住与企业价值观相符的、高能力的人才(Greening 和 Turban,2000;Roberts 和 Dowling,2002)。Barney 和 Hansen(1994)、Porter 和 Kramer(2002)将这种人才吸引能力归纳为一种源于社会责任投资、能够提高企业竞争力的无形资产。社会责任战略能够在雇员和雇主之间营造一种和谐的氛围,帮助雇员之间实现有效交流、合作和竞争,进而有助于提高雇员的表现,实现企业创新或更高的生产率(Axelrod 和 Cohen,1999;Stuebs 和 Sun,2010)。根据 Branco 和 Rodriguez(2006)的分析,如果企业能够和雇员维持良好的关系,那么企业的运作效率和工人的工作效率都能够得以提升(Fombrun,1996;Podolny,1993)。

也有一些学者发现,公司与雇员的和谐关系能够提高企业财务绩效(Schreck,2011)。Porter 和 Kramer(2002)发现企业和所在社区之间的良好关系能够通过提高员工士气和提高生产率的方式,最终转变为企业的竞争力。Stuebs 和 Sun(2010)分析了劳动生产率、劳动效率和企业名声与企业竞争力的关系,发现它们都对企业竞争力存在重要影响。但是,即便如此,雇主和雇员之间的矛盾依然存在,即使雇主的社会形象非常好,雇员也无法接受长期低工资的工作。因此,Stuebs 和 Sun(2010)认为好的社会名声有能够提高生产率,但不一定能够降低劳动力成本,对生产效率的影响的研究尚未达成一致意见。

2.3 生产成本和企业出口

国际贸易领域的学者们已经肯定了沉没成本对出口行为的影响(Dixit,1989;Krugman,1989),这种影响对于发展中国家企业来说非常显著(Roberts 和 Tybout,1997;Aitken 等,1997;Clerides 等,1998)。出口企业相较非出口企业面临昂贵的沉没成本,因此,企业的融资能力能够间接地影响出口行为(Chaney,2016;Manova,2013)。本章所说的出口行为包括企业的出口参与决策和出口强度两个方面。

2.3.1 从传统贸易理论到新贸易理论

传统的国际贸易理论认为不同国家的比较优势是不同的,具体表现为某产业内的劳动生产率或生产成本的差异。因此,每个国家可以专业化生产具有比较优势的产品,并且通过参与国际贸易改善该国的社会福利。传统的贸易理论解释了国家间、行业间的贸易流动是由生产率差异("李嘉图"比较优势)或要素丰裕度差异("赫克歇尔-俄林"比较优势)所产生的。传统贸易理论在解释贸易的产生和结果的过程中,主要存在以下两个问题:①生产率是外生给定的和静态的,无法观察贸易和生产率之间的相互作用及其动态发展过程;②一般假设企业是同质的,每个国家的要素禀赋是异质的,而决定企业出口行为的因素是该国的要素禀赋。

经典的比较优势理论具有较强的解释能力,在解释贸易问题的研究中长期占据重要的主导地位。但是,随着全球一体化的程度不断推进,全球的贸易量不断增加,传统的贸易理论已经无法解释现实贸易中出现的新问题。应运而生的有产品生产周期理论、人力资本理论、收入偏好理论以及产业内贸易理论等新的国际贸易理论。

新贸易理论旨在解释国家间不断出现的产业内贸易现象,该理论是建立于"报酬递增"和"不完全竞争"这两个假设之上的。20 世纪 70 年代,大量的实证研究的文献证明"工业化国家之间的贸易呈现出产业内而非产业间专业化的特征"(Linnemann,1966;Grubel 和 Lloyd,1975)。基于 Dixit 和 Stiglitz(1977)的垄断竞争模型,Krugman(1979)建立了一个包含规模经济和不完全竞争市场结构的一般均衡模型。简而言之,新贸易理论着重解释了产业内贸易发生的原因,但是没有进一步分析企业从国际贸易中获利的传导机制。

2.3.2 异质性企业理论中影响企业出口决定的主要因素

企业同质性的假设受到越来越多的实证数据的挑战,事实证明,出口企业和非出口企业在企业规模、生产率和融资能力等重要方面都存在显著差异,即企业是异质的。新新贸易理论就是以异质性企业假说为基础的。该理论强调企业微观层面的差异与国际贸易的关系。企业异质性的表现非常广泛,如企业规模、设立年份、所有权属性、人力资本、劳动资本密集度、企业组织方式等多方面特征上的差异(Bernard 等,2007)。在异质性企业的基础上,学者们将出口贸易的增长进一步细分为集约边际(intensive margin)和扩展边际(extensive margin)两部分(Chaney,2008)。集约边际关注的是企业层面的出口扩张程度,即企业出口数量的多少;扩展边际研究的是厂商进入和退出国际市场的动态过程,即企业是否出口。关于企业出口行为的研究一般都会同时考虑企业异质性特征对集约边际和扩展边际的作用。

Melitz(2003)构建了一个以企业异质性假设为基础的国际贸易模型,提出生产效率较高的企业同时在国内市场和国外市场销售产品,生产效率中等的企业仅在国内市场销售产品,而生产效率较低的企业将退出市场。国内的学者使用中国工业经济数据库和海关的数据也得到相似的结论(于洪霞等,2011;孙灵燕和李荣林,2011;韩剑和王静,2012)。Melitz(2003)为研究贸易增长的二元边际理论提供了理论支持。

除了企业生产率,关于企业层面的因素对出口行为的影响因素的讨论主要从以下几个方面进行:①贸易成本;②信贷约束;③贸易政策;④产品市场竞争;⑤外部经济环境的冲击;⑥文化联系。

贸易成本可分为以下三类:一是可直接观测和测算的贸易成本,如进口关税、检验检疫费用和国际运输费用等;二是在实证过程中可用代理变量估算的贸易成本;三是隐含且无法测算的贸易成本(Hummels,1999)。国内学者在引力模型下,发现贸易成本对二元边际具有显著影响,但对扩展边际的影响更大(钱学锋和熊平,2010)。

由于企业在进入出口市场时面临与投资相关的因素,因而企业的出口行为受到信贷约束(或融资能力)的影响。在 Melitz(2003)模型的基础上,Manova(2008)进一步构建了一个产业内的企业面临异质的信贷约束,部门间的金融脆弱性是不同的,国家间的金融发展水平也是各异的理论模型。研究发现,在金融产业发达的国家,企业进行出口贸易的概率更高,而且贸易量也更大。Berman 和 Héricourt(2010)使用 9 个发展中国家的 5000 家企业的数据对企业的出口选择和二元边际进行实证研究,结果显示本国的金融发展水平会对企业的出口行为产生影响。有趣的是,金融发展水平对具有不同生产效率的企业的出口行为的影响是非对称的。

在贸易自由化和区域一体化趋势之下,国家间的贸易关税壁垒开始降低,而区域间的贸易协议不断增加,贸易政策的改变对企业的出口贸易行为产生重要的影响。Drabek(2010)发现加入世界贸易组织对成员国的扩展边际有显著的正向影响。Chaney(2008)构建了一个存在生产率差异和产品差异的国际贸易模型,检验了国际贸易壁垒对本国二元边际的作用,结果显示出口产品之间的替代弹性具有重要的作用,当替代弹性非常高时,贸易总量对贸易壁垒的敏感度会降低。贸易壁垒的降低会导致生产率较低的在位企业和新企业进入出口市场;若此时出口产品之间的替代弹性非常高,那么企业较低的生产率将导致企业只能占据非常小的一部分市场份额,生产率越低,市场份额也越小;相反地,如果出口产品之间的替代弹性非常低,那么低生产率的新企业可能由于消费者对品种的偏好而依然占据较大的市场份额,并对出口国的贸易总量产生影响。

贸易流量或方向容易受到外部经济环境的影响。钱学锋和熊平(2010)考察了负向的外部冲击对中国企业出口行为的影响,主要以东南亚金融危机、2000 年的世界经济衰退为节点。研究发现,负向外部冲击能够对集约边际产生显著的负面影响,能够对扩展边际产生比较微弱的正向影响。国家间的文化关联同样也会产生重要的影响作用,如殖民关系、种族关系和移民社区关系等。Crozet 和 Koening(2010)使用法国的数据研究了共同语言和殖民关系对出口行为的影响作用,结果显示,共同语言和殖民关系均可对扩展边际和集约边际产生正向影响,进而促进双边贸易的发展。Coughlin 和 Wall(2011)对种族关系与贸易总量之间的关系进行实证检验,并对集约边际和扩展边际做了边际分解,结果显示,国家间的种族关系能够对集约边际产生显著的正向影响,而对扩展边际不存在显著影响。

2.3.3　融资约束影响出口行为的机制

当资本市场存在摩擦时,融资约束在国家间、产业间是存在差异的,而且会降低那些没有足够的内部现金流的非出口企业未来进入出口市场的概率,限制出口企业扩大生产和投资的机会。资本市场完善的发达国家更倾向于出口需要大量从外部融资或者进入成本较高部门的产品(Beck,2002;Svaleryd 和 Vlachos,2005;Hur 等, 2006)。Chaney(2008)将流动性约束纳入 Melitz(2003)的异质性企业模型,他认为企业的融资约束与生产率一样都是异质性的来源。结果显示,具有较高流动性的企业面临较少的融资约束。这是因为,这些企业有更强的能力克服进入出口市场的沉没成本,能够为企业出口获得资本,从而在生产率达标的前提下,相较融资困难的企业具有更强的出口能力和更大的出口概率。Manova(2008)通过研究 1980—1997 年 91 个国家的权益市场的开放对这些国家出口企业行为的影响,发现资本市场开放会增加本国企业的出口概率,特别是对资本密集型企业的影响更为显著,表明融资约束的确会制约企业的出口决策;当国际贸易受到国家政策限制时,企业面临的融资约束状况及其自身的融资能力将对企业的出口选择产生更显著的影响。以上研究和结论均肯定了一点,即融资约束是企业在做出口选择和制定出口战略过程中所必须考虑的重要限制因素。

2.4　社会责任和企业绩效

履行社会责任作为一种企业战略,不再是企业的负担,而是其实现利润最大化目标所进行的投资,这是"战略性的企业社会责任"理论的核心内容。企业是出于逐利的目的而自觉地履行社会责任的,或者说企业能够在实现社会责任的同时获得高于不履行社会责任时所得到的利润。首先,需要将各利益相关方对 CSR 的偏好融入企业的利润目标函数,诸如消费者和雇员的偏好和行为会直接影响企业的利润。其次,利益相关方还可以通过政府规制以及其他法律规范间接地产生影响,如检验不合格的产品将被下架,继而严重损害企业的利润。Baron(2011)将这种基于消费者压力或者避免可能的政府规制而自觉发起的社会责任活动称为"战略性的企业社会责任"。

2.4.1　企业绩效的衡量指标

在比较企业的获利能力之前,我们需要了解企业利润来自何处,是什么因素决定了企业的利润,特别是中国制造业企业的利润。讨论这两个问题的文献相对较少。曲玥(2008)对企业间的利润率差异进行研究,发现垄断行业内的差异是最大的,由此得出垄断经营或者来源于非市场化的政治关联是中国企业利润的来源。但是,自20世纪80年代开始,中国国有企业的利润率开始下滑,张军(2001)将其归因于非国有企业的进入及其带来的竞争。由他们的研究可以推断出,企业的获利能力在行业间以及不同所有制的企业间是存在差异的(见表2-1)。

表 2-1　1998—2007 年中国制造业企业净利润率走势

单位:%

年份	所有企业	国有企业	私营企业	外商投资企业	港澳台企业
1998	−5.43	−15.43	1.27	0.22	−2.56
1999	−6.59	−12.68	1.39	0.55	−0.43
2000	−5.62	−17.47	1.87	21.8	0.3
2001	−2.97	−13.9	3.65	2.4	0.5
2002	−1.57	−10.75	2.15	2.64	0.92
2003	−1.36	−12.03	2.41	−5.83	1.91
2004	2.54	−8.76	2.88	3.2	2.1
2005	3.22	0.18	3.79	3.41	2.15
2006	0.07	−43.61	3.63	3.72	2.58
2007	1.85	−35.1	4.17	4.01	2.96

根据表2-1的数据,国有企业自1998年开始除了2005年都处于亏损状态,而且亏损的总体趋势越来越严重;私营企业的净利润率都是正的,且总体趋势是越来越高;外商投资企业的净利润率除了2003年的都是正的;港

澳台企业在 1998 和 1999 年这两年尚处于亏损状态,而后的净利润率也是越来越高。国有企业总体上是亏损的,但是企业间存在巨大的水平差异,而且主要取决于企业所处行业的垄断水平。首先,从国有企业内部看,1998—2007 年国有企业的净利润率的标准方差为 17.16,远高于私营企业的 1.58、外商投资企业的 7.19 和港澳台企业的 0.35。然后,那些处于垄断地位的企业的净利润率平均高达 7.92%。张杰等(2011)认为企业规模、所有制类型、行业特征和出口状态都会影响企业的净利润率。

2.4.2　社会责任战略与产品市场绩效

社会责任投资会从消费者需求和产品供给两个方面影响企业利润。以往文献显示,CSR 投入会从以下两个方面影响消费者需求:①提升质量,提供差异化产品;②以 CSR 活动为公司打广告,提升企业社会形象和名声。

至于产品供给方面,主要的影响因素有:①履行社会责任需要资本和人力投入,导致短期内生产成本增加;②随着销量的增加,规模经济逐渐产生。

企业通过赋予商品社会责任特质而使自己的商品区别于其他公司的商品,进而产生新的需求并收取更高的价格,如节能商品和有机蔬菜等。由于社会责任特质不存在具体的形态和描述方法,我们在研究的过程中不得不寻找其他代理变量将其量化。不难发现,企业必须通过产品创新或者 R&D 投入才能为产品赋予上述特征。例如,农场为了提供有机蔬菜,不得不增加研究无农药种植和防虫害等方面的投入。因此,企业的研发投入可以用作衡量产品的社会责任特质的代理变量,两者存在正相关关系。

企业的社会责任履行情况若要转化成企业利润,那么首先该信息需要传递给消费者,明确该企业的商品所具有的区别于其他竞争商品的社会责任特征。Nelson(1970,1974)根据消费者对商品信息的了解情况,将商品区分为搜索商品(search goods)和经验商品(experience goods)。搜索商品是指消费者在消费前就能够完全了解该产品的细节的商品,如衣服和家具等;

而经验商品是指必须在消费并使用以后才能了解该产品的细节的商品,且第一次的购买经验将会对下一次的购买决策产生影响。承担更多社会责任的企业总是给消费者一种诚实、可信赖的社会形象,消费者会将这一形象联系到企业的商品上,而这种对商品在社会责任方面的认同感是很难通过简单搜索得到的,也为企业收取高于同类商品的价格提供了情感基础。

通过上述分析可知,从需求方面看,更多的社会责任投入可能会产生更好的社会形象,通过赋予产品社会责任特质向消费者提供差异化的商品,间接地为企业实现社会价值提供新的途径,并且在消费者间建立良好的口碑和声誉。随着企业销售量的扩张,长期来看,规模经济把成本降低是企业为了实现更多利润的另一途径。但是,企业增加 CSR 方面的投入,必然需要资金投入和人力投入,这些资源没有投向产生利润的生产部门,将导致在短期内单位生产成本增加。因此,想要获得更高的利润,企业必须在由社会责任投资带来的销量增加、价格提升、短期生产成本增加和长期规模经济之间寻找均衡点,最终实现企业利润最大化,也就是说,社会责任投资的投入总量是可以内生的。

2.4.3　社会责任战略与资本市场绩效

越来越多的机构和个人投资者开始将企业社会责任表现作为制定投资决策的重要影响因素之一。社会责任投资论坛的数据显示,2012 年,美国境内约有 33 亿美元的专业管理资产在构建资产组合时遵循了社会责任投资策略。随着企业社会责任在商业实践中的日益普及,越来越多的学者开始关注企业社会责任表现与股票市场表现之间的关系(Renneboog 等,2008;Lee 和 Faff,2009;肖红军等,2010)或社会责任投资的市场绩效。

Statman 等学者发现,在美国、英国和加拿大等发达国家,遵循社会责任投资策略的资产组合的超额收益低于传统资产组合(Statman,2000;Hamilton 等,1993;Kacperczyk 和 Hong,2009)。该现象说明企业社会责任表现对公司股票收益率存在避险效应,即投资者因企业社会形象不佳而承担更大的风险,从而要求企业提供更高的收益保证。避险效应成立的条件是市场上必须具有足够多数量的对企业社会责任有偏好的投资者。

另外,部分学者发现那些关注环境和其他社会问题的企业所构成的资产组合的收益率也是有可能高于普通资产组合的(Derwall 等,2005;Kempf和 Osthoff,2007;Statman 和 Glushkov,2009)。他们认为,这种双赢局面是由逐利的投资者在短期内低估或未发现企业社会责任表现对企业未来收益的积极作用而产生的,即预期误差效应。

马虹和李杰(2015)提出"企业社会责任表现-股票价格"关联在不同产品市场竞争程度的企业间是非对称的。在高竞争性行业中,预期误差效应将会大于避险效应,在短期内更有可能出现正的超额收益。相反地,在低竞争性行业中,企业的信息能够在投资者间更有效地扩散,这些企业优秀的社会责任表现对未来收益和企业风险的积极作用也能够更快地被投资者接受。因此,避险效应在这些行业中应大于预期误差效应,即在长期内出现负的超额收益。马虹和李杰(2015)通过构建一个卖出社会责任表现"不佳"企业和买入社会责任表现"优秀"企业的零成本对冲组合,然后按其产品市场竞争程度细分为三个组合,以验证产品市场竞争的影响。实证结果显示:在中等和低竞争行业中,投资者能够准确预测企业社会责任表现对每股收益(EPS)的作用;而在高竞争行业中,投资者显著低估了企业社会责任表现的作用。这说明预期误差效应在高竞争行业中非常强烈,而在低竞争行业中基本不存在。基于预期误差效应的假设是"更优秀的企业社会责任表现对企业未来收益能够产生积极影响"。避险效应和预期误差效应在产品市场竞争和社会责任投资之间的传导机制如图 2-3 所示。

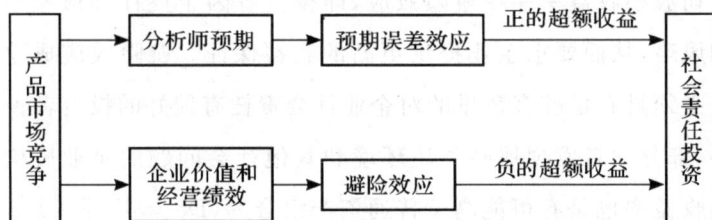

图 2-3　避险效应和预期误差效应的传导机制

2.5　简要的评述

通过整理社会责任和国际贸易理论两个方向的文献,笔者发现,相关研究主要集中于社会责任和企业绩效(包括出口企业和非出口企业)相关联的实证分析,并且尚未达成一致意见。相关研究存在以下问题:第一,企业没有按照是否为出口企业进行细分,出口企业更有可能从社会责任战略中受益;第二,社会责任领域的研究多以问卷调研或田野实验的方式进行,研究的对象并不包括外国消费者,即没有充分考虑出口需求对企业的影响;第三,出口行为的研究主要集中于融资约束和生产率对出口门槛和出口量的影响,没有给予社会责任问题应有的关注。

针对以上问题,本章将研究对象聚焦于出口企业,并着重从需求增长和成本降低两个层面解释社会责任对出口企业的影响。其中,需求增长是通过社会责任的声誉效应实现的,具体表现为社会责任对消费者偏好和需求函数的影响;而成本降低即社会责任的成本效应,具体表现为社会责任对企业生产率和融资成本的影响。

在"社会责任-消费者需求"关联的基础上,笔者尝试从出口需求变化的渠道分析社会责任战略的制定。在关于社会责任战略和消费者行为的研究中,具有社会责任感的形象常常作为企业的"声誉资本"对消费者需求和需求函数产生作用。社会责任战略导致的需求扩张可以同时对国内消费者和国外消费者产生影响,而出口需求的变化会导致企业改变原有的生产计划,从而改变国内市场和国外市场的竞争格局和企业盈利能力。

就中国制造而言,社会责任形象是中国出口企业未来不得不面对的问题。在异质性企业理论中,出口门槛由生产率直接决定,而融资约束和融资成本对企业的出口决策和行为具有重要的作用。结合社会责任领域的研究,笔者发现,企业社会表现或企业的社会责任形象能够降低生产成本,表现为生产率提高或融资成本降低。因此,笔者将社会责任战略对于企业生产成本的影响归为成本效应,以理论建模的方式分析成本效应对生产率、出口门槛和企业生产的影响。

第3章

社会责任战略对出口企业的影响:声誉效应

本章将 CSR 战略对企业利润的传导机制归纳为声誉效应和成本效应。CSR 战略可以通过声誉效应、成本效应和两者的共同作用对出口企业产生影响,具体表现为对企业利润和出口决策的影响。第 3.1 节构建了理论模型,分析了存在声誉效应的出口企业社会责任战略选择及其对市场竞争的影响。第 3.1 节在刻画企业和消费者之间互动的时候,将企业社会责任战略对消费者的影响简单地归纳为额外的效用提升,其中一部分来源于产品"CSR 特征"的垂直化差异的效应提升(质量提升),还有一部分来源于企业的声誉效应(需要企业通过广泛宣传或打广告等方式传播)。第 3.2 节是在第 3.1 节的理论模型的基础上,以中国上市出口企业数据检验 CSR 战略(企业捐款)对企业盈利能力(企业价值)的作用。结果显示,广告强度和市场发展程度具有显著的正向调节作用,揭示了声誉效应的存在。

3.1 声誉效应:内生的战略选择和利润变动

本节以 Hotelling 模型为基础,引入和分析了声誉效应对社会责任战

44

略、消费者需求和企业利润的调节作用,得出以下三个结论:

第一,社会平均质量水平是决定能否实施 CSR 战略的重要因素。当平均质量水平低于某临界值时,两家企业必然都会致力于质量提升的 CSR 战略;当平均质量水平相对较高时,两家企业必然都不会进行质量投资,因为增加的利润不够弥补成本投入。

第二,产品的声誉效应主要通过企业间的声誉水平差距影响消费者的消费行为,从而间接影响 CSR 战略选择。如果两家企业的声誉都非常好,即声誉效应水平较高,两家企业因为已经拥有较高的消费者认同,所以不太会愿意进行有利于质量提升的 CSR 战略;如果两家企业的声誉都不太好,那么质量声誉作为企业竞争力的作用非常明显,企业会争相开展 CSR 投资;如果在一家企业的声誉不太好,而另一家企业的声誉却非常好的情况下,两家企业也会选择不进行 CSR 战略。

第三,只有在社会平均质量水平低且企业声誉效应非常接近的情况下,企业采取 CSR 战略会改善福利;随着社会平均质量水平的提升,以及企业间声誉差异的扩大,企业采取 CSR 战略的成本过高并进行成本转移,消费者剩余(consumer surplus, CS)将由于过高的价格而减少。

3.1.1　声誉效应的传导途径

企业的社会形象或者声誉对于消费者的反应是存在巨大影响的。如果消费者不认可企业宣称的 CSR 战略,或者不信任企业宣传的社会贡献,则 CSR 战略对消费者效用提升的能力将大大减弱。如果没有足够多的需求增长,CSR 战略的成本将无法弥补,追求利润最大化的企业是不会选择实施 CSR 战略的。同理,如果消费者对企业的认同度非常高,对于企业的社会贡献非常信任,能够从消费该企业产品的过程中获得更多源于"CSR 特征"的满足感,那么,当需求提升作用足够大时,企业会自发地实施 CSR 战略。这说明在合适的经济环境中,合理地实施 CSR 战略可以作为企业发展责任竞争力的驱动力之一。

首先需要回答的是,企业的社会形象或企业名声是否具有声誉效应,即是否能够提高消费者的效用。因为消费者效用难以量化,所以只能用案例来阐述。比如,对于相同的产品,知名企业的销售价格比不知名企业的销售价格高很多。在价差合理的情况下,消费者依然愿意购买知名企业的产品,多支付的价格就是消费者对企业声誉的嘉奖,这是声誉效应的货币化体现。现实中,像这样的例子,在各行各业中都是广泛存在的。

在揭示了声誉效应的存在之后,笔者有必要总结声誉效应对消费者效用的传导途径。企业声誉是消费者根据企业过去表现对企业的表现的总体评价,可以表现为正或负(Fombrun,1996)。企业声誉是企业的特有资产,消费者能够将其与其他竞争公司区分开来。在完全竞争的市场结构中,企业是不具备定价能力和获得经济利润的可能的。因此,一旦企业能够和竞争公司产生横向差异或者纵向差异,就给予企业定价的能力,帮助企业获得更多的经济利润。当然,企业声誉的获得就要求企业在日常经营和运作中表现出足够的诚信来获取消费者的信任(Fombrun,1996)。消费者的信任形成"声誉资本",作为一种无形资产,它既能帮助企业躲避价格竞争,还能成为企业后续 CSR 战略的投入品,即"声誉创造责任"。在商业事件中,声誉是需要在日常运作中长期维持的,任何偏差都有可能导致"信任大楼"的坍塌。比如,安然公司的财务丑闻将一个如此庞大的跨国公司瞬间瓦解。后来的研究就将消费者对 CSR 战略的态度和反应概念化为"消费者回应"(Foreh 和 Grier,2003)。Pirsch 等(2007)的研究发现,长期的有组织性的 CSR 战略相比短期的促销性的 CSR 战略更容易获得消费者的认同。长期的有组织性的 CSR 战略是指对企业的日常经营和生产能够产生广泛影响的 CSR 活动,比如绿色的生产链和新技术等。而短期的促销性的 CSR 战略通常是指与单位销售有关的 CSR 活动。这说明消费者导向的 CSR 战略的实施难度更大,且困难的源头就是消费者的信任,或者是由企业声誉传导后的消费者认同。

　　既然声誉效应会对 CSR 战略的成败产生直接影响，那么，如何才能使得声誉效应的传播更为有效呢？企业声誉是 Balmer 和 Greyser(2006)的企业营销矩阵中的一个重要因素。企业声誉回答了"你是谁"的问题，具体可分解为消费者对企业形象和企业身份的一组信念。企业形象指"消费者心中贵公司的形象"，企业身份指"消费者心中贵公司的特征"。因此，如果企业意图塑造更好的企业声誉，就必须向消费者清晰地传达正面的企业形象和健康的企业身份。在市场营销的过程中，CSR 战略可以作为企业特征进行宣传。如果企业本身的社会形象非常正面，那么要进行 CSR 特征的宣传并不困难，也就是声誉效应能够很快地发挥作用。宣传的信息必须是适度的，不应过分夸大企业在 CSR 方面的表现。比如，20 世纪 90 年代，许多制造业企业夸大了企业在环境保护方面的努力而引发各界的指责(Laufer，2003)。这种"绿色清洗"的行为使得消费者会把这些企业和"骗子"联系起来，这些企业在后续的 CSR 战略宣传中将很难引发消费者的认同。

　　出口企业的 CSR 战略不仅影响国内消费者，还会影响国外消费者。同理，出口企业的 CSR 战略还可以分成国内 CSR 战略和国外 CSR 战略。CSR 战略对国内消费者和国外消费者的传导途径是一致的，但是由于国内消费者和国外消费者眼中的企业形象不同，CSR 战略的效果也是存在差异的。出口企业首先需要决定是否选择 CSR 战略，这要求企业在国内市场和国外市场中分别根据市场竞争情况和行业平均水平均衡成本和收益。比如，国外市场中的消费者本身就对 CSR 特征非常敏感，极端情况是不道德的企业是禁止进入的，如果企业要出口，就必须采取 CSR 战略；但是，如果国外市场的消费者本身对 CSR 特征并没有什么概念，或者绝大多数的消费者是对价格敏感的，那么，企业就不会考虑在国外市场实施 CSR 战略。因为，如果没有足够多的需求增长，CSR 战略的成本是无法得以弥补的。

3.1.2　存在声誉效应的 Hotelling 竞争模型

为刻画两家企业从声誉方面对消费者吸引的异质性,本章选用了 Hotelling 模型,并发现社会平均的企业社会责任投资水平具有重要的指引作用。

(1)声誉效应刻画和博弈顺序

本小节的理论模型建立在基础 Hotelling 模型之上,分析了 CSR 战略的声誉效应对市场均衡、市场结构和社会福利的影响。声誉效应表现在模型中,即消费者能够从购买产品中获得额外效用。比如,购买贴有"爱心捐赠"标志的产品,由于消费者所支付货款中的一小部分将赠予需要帮助的人,消费者能够从自己的慷慨行为中获得慰藉,即额外效用。该模型的刻画参考了质量提升产生的额外效用,获得质量提升效应(即"质量效应")。

两家企业(企业 1 是国内企业,企业 2 是国外企业)在第三国市场上进行 Hotelling 形式的竞争。不同国家的企业在社会责任方面的声誉是不同的,因此,两家企业的产品在第三国市场上进行销售的时候,消费者对这两家企业产品质量的认同感是不一样的。

假设第三国市场的消费者均匀分布在一条长度为 1 的线性城市上,两家生产性企业分别记为企业 1(国内企业)和企业 2(国外企业),它们拥有相同的生产技术,为不失一般性,标准化它们各自的边际生产成本为 0。企业 1 的产品定位在端点 0,而企业 2 的产品定位在市场的另一端,两家企业均有能力供应整个市场。假说企业 i 启动能使其产品质量提升 $q_i(i=1,2)$ 单位的 CSR 项目,则需要支付 $\frac{\gamma}{2}q_i^2$ 的生产成本,其中 γ 用以衡量企业实施该 CSR 项目的投资效率,较高的 CSR 投资效率对应较小的 γ 值。

在需求方面,消费者的效用分为两部分:基本效用和质量效用。为简单起见,我们假设这两部分效用是可加的。

　　基本效用源于行业的平均质量水平（质量提升可以作为刻画社会责任战略的方式，详见第 2.1 节），为保证所有具有水平偏好差异的消费者至少购买 1 单位的产品，我们假设每个消费者通过购买商品可以获得足够高的基本效用 S。将企业的 CSR 投资同社会平均的 CSR 投资比较，也就是消费者只能从高于社会平均的 CSR 投资的那一部分获得额外效应。比如，当社会普遍采用绿色环保生产工艺的时候，如果某企业的生产工艺兼备高能效和绿色环保两个特点，那么这家企业才会对消费者产生声誉效应；而与之对比的，如果一国的生产水平普遍低下，那么一家企业只要采用比较低端的绿色环保生产工艺就能够产生非常大的声誉效应。

　　质量效用源于经声誉效应调节后的 CSR 战略，假定消费者会根据企业是否进行了旨在提升产品质量的 CSR 项目投资的信息对企业产品质量做出评价。若企业没有进行 CSR 项目投资，则消费者会根据自己对该行业产品平均质量的判断来确定所获得的质量效用，我们用 α 表示消费者在这种情形下获得的质量效用。若企业 i 进行了 CSR 项目投资，则消费者会根据企业所宣称的产品质量提升程度来估算该企业产品的质量效用，我们用 $\beta_i q_i$（其中，$\beta_i \geqslant 0, i=1,2$）来刻画这种情形下消费者获得的质量效用，其中 q_i 表示企业实际的产品质量提升程度。而声誉效应 β_i 表示消费者对企业 i 采取 CSR 战略的接受程度或对该企业 CSR 产品的认同度。显然，$0 \leqslant \beta_i < 1$ 意味着消费者并非完全相信或认可企业的 CSR 投资价值，而 $\beta_i \geqslant 1$ 表示消费者充分认可或高估了企业的 CSR 投资价值，该项目的实际效用被放大了 β_i 倍。

　　因此，如果一个消费者从企业 i 购买了 1 单位的商品，则其获得的总效用为 $S + \beta_i q_i$。另外，位于点 $y \in [0,1]$ 的消费者可以向企业 1 购买商品，也可以向企业 2 购买商品。如果消费者向企业 1（或 2）购买商品，除支付商品的价格 p_1（或 p_2）外，还需要承担 ty^2 或 $t(1-y)^2$ 的运输成本，单位运输成本 t 用于衡量企业提供的产品与消费者心目中最理想的产品的不匹配程度。消费者若向国外企业购买商品，则还需要额外承担进口关税（用 τ 表示）。

若考虑消费者对两家企业的质量效用认同度相同，即 $\beta_1 = \beta_2 = \beta$ 的情形，对于一个位于点 $x = \hat{x}$ 的消费者而言，向企业 1 购买商品和向企业 2 购买商品是无差异的。若仅有一家企业采取 CSR 战略（如企业 1），则无差异消费者所处的位置是 $\hat{x} = (t - \alpha - p_1 + p_2 + \beta q_1)/(2t)$，其中 α 表示消费者对行业平均产品质量的评价。如果企业 1 与企业 2 同时采取 CSR 战略，且分别承担能使产品质量提升 $q_1(>0)$ 和 $q_2(>0)$ 的社会责任，则消费者选择从企业 1（或企业 2）购买商品将获得 βq_1（或 βq_2）的质量效用，无差异消费者所处的位置为 $\hat{x} = (t - p_1 + p_2 + \beta q_1 - \beta q_2)/(2t)$。

企业的生产决策和社会责任战略的制定将遵循以下四阶段的博弈。在第一阶段，两家企业同时决定是否履行社会责任，即是否采取 CSR 战略。在第二阶段，两家企业同时决定各自的 CSR 项目的质量提升程度 $q_i, i = 1,2$。在第三阶段，企业 1 和企业 2 在观测到竞争对手的选择后，同时确定各自产品的零售价格 p_1 和 p_2。在第四阶段，每个消费者在观察到零售价格，以及两家企业的社会责任履行状况以后，出于个人效用最大化的目的，做出各自的购买决策。

不难发现，位于无差异消费者 $\hat{x}$ 左边的消费者都会选择去企业 1 购买产品，而位于无差异消费者 $\hat{x}$ 右边的消费者都会去企业 2 购买产品。因而，两家企业的需求函数可分别表示为

$$D_i(p,q) = \begin{cases} (t - \tau - p_i + p_j)/(2t), & q_i = q_j = 0, \\ (t - \alpha - \tau - p_i + p_j + \beta q_i)/(2t), & q_i \neq 0 \text{ 且 } q_j = 0, \\ (t + \alpha - \tau - p_i + p_j - \beta q_j)/(2t), & q_i = 0 \text{ 且 } q_j \neq 0, \\ (t - \tau - p_i + p_j + \beta q_i - \beta q_j)/(2t), & q_i \neq 0 \text{ 且 } q_j \neq 0 \end{cases}$$

$$(3.1)$$

式(3.1)中，q_1, q_2 分别表示企业 1 和企业 2 选择的产品质量提升程度。

$q_i=0$ 表示企业 i 不承担社会责任,$q_i\neq0$ 表示企业 i 承担质量提升程度为 q_i 的社会责任,同时需支付 $\frac{\gamma}{2}q_i^2$ 的投资成本。企业的利润函数可表示为

$$\Pi_i = p_iD_i - \frac{\gamma q_i^2}{2}, i=1,2 \tag{3.2}$$

以下我们使用逆向归纳法求解均衡结果。

$p_{i,km}(p_{i,km}\geqslant0)$ 和 $q_{i,km}(q_{i,km}\geqslant0)$ 分别表示企业 i 在企业 1 采取状态 k 以及企业 2 采取状态 m 时所制定的价格和愿意承担的社会责任。其中,状态 k 表示企业 1 是否履行社会责任,若企业 1 选择承担社会责任,则 $k=1$,反之,则 $k=0$;同理,状态 m 表示企业 2 的 CSR 承担状态,$m=0$ 表示企业 2 不履行社会责任或 $q_2=0$,而 $m=1$ 则表示企业 2 承担大小为 $q_2>0$ 的社会责任。下文若无特殊说明,i,k,m 的含义均采取上述的定义方法。在第四阶段的博弈中,我们可推导出两家企业的需求函数[见方程(3.1)];在第三阶段的博弈中,两家企业同时决定各自的产品价格以最大化各自的利润函数;在第二阶段的博弈中,两家企业根据第一阶段的博弈结果,选择承担相应的社会责任。根据第一阶段的三种可能结果,我们分以下三种具体情形讨论。

情形 1:若两家企业在第一阶段均不考虑 CSR 项目,则 $p_{1,00}^e=\frac{3t-\tau}{3}$,$p_{2,00}^e=\frac{3t+\tau}{3}$,$\Pi_{1,00}^e=\frac{(3t-\tau)^2}{18t}$,$\Pi_{2,00}^e=\frac{(3t+\tau)^2}{18t}$。此时,两家企业生产同质的商品,国内企业的定价和利润均比国外企业的高 $\frac{2\tau}{3t}$。

情形 2:若在第一阶段仅有一家企业承担社会责任(假设为企业 1),并启动质量提升程度为 q_i 的 CSR 项目,则第三阶段的计算结果为 $p_{1,10}^e=\frac{1}{3}(3t-\alpha-\tau+\beta q_1)$ 和 $p_{2,10}^e=t+\frac{\alpha+\tau}{3}-\frac{\beta q_1}{3}$,此时的 $q_1\neq0$ 而 $q_2=0$。我们继续将 $p_{1,10}^e$ 和 $p_{2,01}^e$ 分别代入两家企业的利润函数,计算并求解第二阶段最大化企业利润达到的均衡投资量,得到 $q_{1,10}^e=\frac{(3t-\alpha-\tau)\beta}{9t\gamma-\beta^2}$。最后,我们将均衡

投资量 $q^e_{1,10}$ 代回方程(3.2),得到两家企业的价格和利润分别为 $p^e_{1,10} = \dfrac{3t(3t - \alpha - \tau)\gamma}{-\beta^2 + 9t\gamma}$ 和 $p^e_{2,10} = \dfrac{3t\gamma(3t + \alpha - \tau) - 2t\beta^2}{9t\gamma - \beta^2}$,$\Pi^e_{1,10} = -\dfrac{(-3t + \alpha - \tau)^2\gamma}{2(\beta^2 - 9t\gamma)}$

和 $\Pi^e_{2,10} = \dfrac{t[2\beta^2 - 3\gamma(3t + \alpha - \tau)]^2}{2(\beta^2 - 9t\gamma)^2}$。由于两家企业是完全对称的,因而情形 2 的计算结果同样适用于仅有企业 2 承担社会责任的情形。

情形 3:若在第一阶段两家企业同时采取 CSR 战略,很明显地,在企业单位生产成本和产品的消费者认可度 β 都对称的假设下,企业 1 和企业 2 采用的定价策略分别为 $p^e_{1,11} = t + \dfrac{3t\gamma\tau}{2\beta^2 - 9t\gamma}$ 和 $p^e_{2,11} = t + \dfrac{4\beta^2 - 9t\gamma\tau}{3(2\beta^2 - 9t\gamma)}$。通过计算发现,企业 1 和企业 2 愿意承担的社会责任投资量为 $q^e_{1,11} = \dfrac{\beta}{3\gamma} + \dfrac{\beta\tau}{2\beta^2 - 9t\gamma}$ 和 $q^e_{2,11} = \dfrac{\beta}{3\gamma} - \dfrac{\beta\tau}{2\beta^2 - 9t\gamma}$,企业各自为 CSR 项目额外支付的投资成本为 $\dfrac{\gamma}{2}q_i^2$,能够获得的均衡利润为 $\Pi^e_{1,11} = \dfrac{(9t\gamma - \beta^2)[2\beta^2 + 3\gamma(\tau - 3t)]^2}{18\gamma(2\beta^2 - 9t\gamma)^2}$ 和

$\Pi^e_{2,11} = \dfrac{(9t\gamma - \beta^2)[2\beta^2 - 3\gamma(\tau + 3t)]^2}{18\gamma(2\beta^2 - 9t\gamma)^2}$。

(2)社会平均水平是企业实施 CSR 战略的动力

由于 CSR 战略是一种新型企业战略,社会的初始状态必然是两家企业均不实施 CSR 战略。那么,在怎样的市场情况下,企业有动力离开初始均衡,主动地实施 CSR 战略呢?

为了考察偏离均衡的收益,这里假设仅有一家企业采取 CSR 战略。在第一阶段的博弈中,两家企业将根据自身所处的社会环境(消费者对行业平均产品质量的评价 α、消费者对 CSR 项目的认可度 β 以及企业产品的替代程度 t),决定采取何种策略(本章只考虑纯策略均衡)。通过计算,可得如下引理 1:

引理 1:若有且仅有出口企业采取 CSR 战略(这里假设是企业 1),并且

假设 $\beta^2 < 9t\gamma$,则:

①当出口国市场的平均质量水平比较低,或 $\alpha + \tau \in \left[\frac{2\beta^2}{3\gamma} - 3t, 3t\right]$ 时,有 $D_{1,10} = 1$,即采取 CSR 战略的企业 1 可以垄断市场,获得垄断利润 $\Pi_{1,10}^M = \left[\beta^2(\alpha + \tau - 9t) + 54t^2\gamma\right]\frac{(3t - \alpha - \tau)\gamma}{2(\beta^2 - 9t\gamma)^2}$;

②当出口国市场的平均质量水平比较高,或 $\alpha + \tau > 3t$ 时,有 $D_{1,10}^2 \in (0,1)$,即两家企业同时存在于市场上并展开竞争。

引理 1 只考虑 $\beta^2 < 9t\gamma$ 的情形,是因为当 $\beta^2 \geqslant 9t\gamma$ 时,企业一定不会考虑 CSR 项目。在给定任意 β 满足 $\beta^2 < 9t\gamma$ 的情况下,若相应的 $\alpha + \tau \in \left[\frac{2\beta^2}{3\gamma}, 3t\right]$,则两家企业存在于一个平均质量水平较低的商业环境中,采取 CSR 战略可以帮助企业通过产品质量的改进垄断市场,企业能够获得的垄断利润为 $\Pi_{1,10}^M$。

不难发现,社会平均水平的高低程度是决定企业是否偏离初始均衡的重要因素。因为,当 α 非常小的时候,企业为了获得垄断利润,总是有动力偏离初始均衡或实施 CSR 战略。然而,随着 α 的增加,企业愿意提供的质量改进越来越小 $\left(\frac{\partial q_{1,10}^c}{\partial\alpha} \leqslant 0\right)$,因而对于消费者而言,CSR 战略能够提供的质量效用与社会平均质量效用越来越接近,很明显地,采取 CSR 战略的企业无法再垄断市场。但是,此时采取 CSR 战略的企业仍然有可能掠夺竞争对手的市场份额:在满足引理1②所列举条件的同时,若 α 是小于 $\frac{\beta^2}{3\gamma}$ 的,那么企业 1 总是能够通过 CSR 项目获得大于1/2的市场份额。以 $\alpha = \frac{\beta^2}{3\gamma}$ 为临界点,继续增大的 α 会使得企业 1 的市场份额缩小。

以上结论解释了为什么在高质量的商业环境中,企业不会选取质量改进作为商业广告的主题;反之,在质量成为社会问题的商业环境中,企业会争相提出改进质量和使用安全质量的 CSR 项目做广告宣传。这是因为,在行业平均质量水平非常高的社会中,原本完全对称的两家企业因为其中一家声称对本企业产品进行大小为 $q_{1,10}$ 的质量改进,并以此向消费者传递了关于该企业产品质量的信息,但是由于消费者从中能够获得的质量效用 $\beta q_{1,10}$ 小于他们从行业平均水平获得的质量效用 α,所以采取 CSR 战略的企业不可能从中获利。事实上,国外已有大量文献记录了企业独立制定产品质量安全标准的经济动因,而且企业标准往往高于社会标准。然而,在企业投入大量资金以保证产品质量的同时,却极少有企业或大型超市以产品质量的安全性作为营销重点,尤其是在消费者对产品安全问题并不敏感的社会环境中。反之,一旦行业质量安全被质疑或消费者开始关注"绿色安全"标签和国家认证标志的时候,企业才会以安全性作为营销重点来获得竞争优势。

引理 2:若有且仅有国内企业采取 CSR 战略(这里假设是企业 2),并且假设 $\beta^2 < 9t\gamma$,则:

① 当国内的平均质量水平非常低,或 $\alpha - \tau < \dfrac{2\beta^2}{3\gamma} - 3t$ 时,企业 2 可以垄断市场,获得垄断利润 $\Pi_{2,01}^M = \left[\beta^2(\alpha - \tau - 9t) + 54t^2\gamma\right]\dfrac{(3t - \alpha + \tau)\gamma}{2(\beta^2 - 9t\gamma)^2}$;

② 当国内的平均质量水平提高后,或 $\alpha - \tau \in \left[\dfrac{2\beta^2}{3\gamma} - 3t, 3t\right]$ 时,没有垄断厂商,两家企业同时存在于市场上并展开竞争。

3.1.3　存在声誉效应的均衡分析

基于声誉效应在两家企业间是否同质,本小节在同质的社会责任企业和异质的社会责任企业两种情形下,使用博弈论的方法分析企业利润最大化假设下的社会责任战略选择。

（1）社会责任战略和企业利润：若企业声誉效应是同质的

综合第三、第四阶段的分析，我们可得出第一、第二阶段中两家企业所面临的收益矩阵（见表 3-1）。

表 3-1　对称的企业间 CSR 策略博弈的收益矩阵

角色和策略		国内企业	
		策略一：承担	策略二：不承担
国外企业	策略一：承担	$\Pi_{1,00}^{r} = \dfrac{(3t-\tau)^2}{18t}$, $\Pi_{2,00}^{r} = \dfrac{(3t+\tau)^2}{18t}$	$\Pi_{1,10}^{M} = [\beta^2(\alpha+\tau-9t)+54t^2\gamma] \times$ $\dfrac{(3t-\alpha-\tau)\gamma}{2(\beta^2-9t\gamma)^2}$, $\Pi_{2,10}^{e} = 0$
	策略二：不承担	$\Pi_{1,01}^{r} = 0$, $\Pi_{2,01}^{M} = [\beta^2-(\alpha-\gamma-9t)+54t^2\gamma] \times$ $\dfrac{(3t-\alpha+\tau)\gamma}{2(\beta^2-9t\gamma)^2}$	$\Pi_{1,11}^{r} = \dfrac{(9t\gamma-\beta^2)[2\beta^2+3\gamma(\tau-3t)]^2}{18\gamma(2\beta^2-9t\gamma)^2}$ $\Pi_{2,11}^{e} = \dfrac{(9t\gamma-\beta^2)[2\beta^2-3\gamma(\tau+3t)]^2}{18\gamma(2\beta^2-9t\gamma)^2}$

在自由贸易中，两家企业均选择不承担社会责任，从而获得相同的正利润。从表 3-1 中很容易发现，这个博弈存在两个纯策略纳什均衡，即（承担，承担）和（不承担，不承担）。为了简化计算且不失普遍性，我们可以假设运输成本 $t=1$，根据收益矩阵可得两家企业 CSR 投资博弈的纳什均衡结果。

命题 1：在自由贸易中，若两家企业是完全对称的，则两家企业 CSR 投资博弈的纳什均衡结果如下：

①若 α 的取值区间为 $(\underline{\alpha}, \overline{\underline{\alpha}})$ 且 $\beta^2/\gamma < 9$，其中 $\underline{\alpha} = \max\left\{0, \dfrac{2\beta^2}{3\gamma} - \dfrac{1}{9}\left(9-\dfrac{\beta^2}{\gamma}\right)^{\frac{3}{2}} - 3\right\}$，$\overline{\underline{\alpha}} = \dfrac{2\beta^2}{3\gamma} + \dfrac{1}{9}\left(9-\dfrac{\beta^2}{\gamma}\right)^{\frac{3}{2}} - 3$，则两家企业必然同时选择采取 CSR 战略；

②若 $\overline{\underline{\alpha}} < \alpha < \overline{\alpha}$，其中 $\overline{\alpha} = 3 + \left(9-\dfrac{\beta^2}{\gamma}\right)^{\frac{1}{2}}$ 且 $\beta^2/\gamma < 9$，则两家企业均选择不采取 CSR 战略；

③不论 α 的取值，只要 $\beta^2/\gamma \geqslant 9$，任何一家企业都没有动力偏离初始均

衡,即都不选择采取 CSR 战略。

两家企业在第一阶段同时决定是否投资 CSR 项目,命题 1① 和命题 1② 表明,当声誉效应乘数的平方和投资效率 γ 的比值小于 9$\left(\text{即}\dfrac{\beta^2}{\gamma}<9\right)$时,企业的均衡策略选择会根据行业内产品平均质量水平 α 的取值水平不同而不同。当 α 的取值区间为 $(\underline{\alpha},\underline{\overline{\alpha}})$ 时(见命题 1①),两家企业必然同时选择采取 CSR 战略。

与命题 1① 相对应的是命题 1②,同样是当 $\dfrac{\beta^2}{\gamma}<9$ 时,但当行业内产品平均质量水平 α 达到较高水平,即 $\alpha\in\left(3-\left(9-\dfrac{\beta^2}{\gamma}\right)^{\frac{1}{2}},3+\left(9-\dfrac{\beta^2}{\gamma}\right)^{\frac{1}{2}}\right)$ 时,两家企业均选择不采取 CSR 战略。因为 $\overline{\alpha}>\underline{\alpha}$,所以命题 1① 和命题 1② 的主要区别在于后者的行业平均质量水平高于前者。换言之,在相同声誉水平 β 和投资效率 γ 的条件下,较高的行业平均质量水平 α 所对应的是两家企业均不采取 CSR 战略投资,而较低水平的 α 所对应的是两家企业同时采取 CSR 战略。

不难发现,命题 1③ 是命题 1① 和命题 1② 的延伸,随着 $\dfrac{\beta^2}{\gamma}$ 持续增加至大于或等于 9,此时任何一家企业均没有动力偏离初始均衡状态,即两家企业同时选择不采取 CSR 战略。在命题 1③ 的区间内,若仅有企业 1 采取 CSR 战略,则企业 1 可获得的垄断利润为负($\Pi_{1,10}^{M}<0$);若仅有企业 2 采取 CSR 战略,则企业 2 可获得的垄断利润为负($\Pi_{2,10}^{M}<0$);若两家企业同时采取 CSR 战略,则两家企业可获得的垄断利润必定小于其初始利润($\Pi_{1,11}^{e}=\Pi_{2,11}^{e}<\Pi_{1,00}^{e}=\Pi_{2,00}^{e}$)。

若给定企业的投资效率(假设 $\gamma=1$)和企业声誉效应乘数 $\beta<9$,那么低水平的社会平均质量 $\alpha\in(\underline{\alpha},\underline{\overline{\alpha}})$ 更容易引导企业主动进行 CSR 投资。这一论点非常容易理解,CSR 战略企业与非 CSR 战略企业相比能够为消费者提

供更大的效用(即 $\beta q_i \geqslant \underset{\sim}{\alpha}$),因而启动 CSR 的企业不仅可以实施更高的均衡定价,还可以获得更大的市场份额。

在保持其他条件不变的前提下,α 的增加将如何改变均衡结果呢?首先从消费者的角度考虑,CSR 项目的质量改进效应可以为消费者提供更多的效用,从而增加消费者需求,然而在企业不能确定竞争对手的行为时,企业总是倾向于采取更高的均衡价格,因此会降低社会需求。再从成本方面考虑,当面临更高的社会平均质量水平时,企业想要实现程度为 q 的质量改进的难度增大,这也就意味着企业需要付出更高的 CSR 投资成本。企业在考虑 CSR 投资决策时,需要考虑需求增加和成本攀升这两者之间的平衡。根据命题 1 的结果,只有在一个社会平均质量水平较低,即 $\alpha \in (\underset{\sim}{\alpha}, \bar{\alpha})$ 的社会环境中,由市场份额和均衡价格的变化而增加的边际销售收益刚好能够弥补企业为质量改进所支付的边际项目投资成本,企业才会选择投资 CSR 项目。

企业同时投资 CSR 项目后的均衡利润总是小于初始均衡时的利润,那么两家企业为什么还愿意做 CSR 投资呢?结合本章引理 1 和命题 1 的分析,此时企业的战略选择主要是为了避免遭受因竞争对手单独实施 CSR 战略而可能产生的利润损失。在满足一定条件时,无 CSR 项目的企业甚至可能被驱逐出市场。但是持续增长的 $\alpha \in (\underset{\sim}{\alpha}, \bar{\alpha})$ 或持续改善的社会环境会导致过高的投资成本和价格,从而导致市场份额小,所以企业一开始就不愿意投资旨在改进产品质量的 CSR 项目,并且预测竞争对手也不愿意以牺牲利润为代价而做投资,因而形成两家企业均无 CSR 投资的均衡格局。

命题 1 的经济意义是:如果外生的行业平均质量水平非常低(α 越小),且企业所具有的声誉效应乘数非常小(β 越小),或企业选择投资的 CSR 项目的投资效率较低(γ 越大),那么同时实施社会责任战略,即(承担,承担)将是 CSR 战略博弈的纳什均衡结果。企业仅仅在行业平均质量水平和声誉效应都相对较低的时候,才会同时选择启动能带来质量提高程度为 $\frac{\beta}{3\gamma}$ 的

CSR 项目。在其他情况下,企业都会同时选择不投资 CSR 项目。现实中表现为,在臭名昭著的行业中,企业能够通过投资 CSR 项目让消费者真真切切地感受到企业的社会责任或质量方面的提高,这是企业实现利润最大化的理性的战略选择。

(2)社会责任战略和企业利润:若企业声誉效应是异质的

在扩展模型中,如果放松 β 相等的假设(不妨设 $0 < \beta_1 < \beta_2$),给定企业的生产成本是一样的,且社会责任战略对其并不存在影响,那么在消费者对 CSR 产品的认可度存在差异的情形下,CSR 战略能否提升企业的竞争力和盈利能力? 为便于计算,这里分析的是自由贸易的情形,即假设 $\tau = 0$。

自 2008 年中国奶制品污染事件以来,食品质量安全问题已成为全国人民关注的焦点。奶制品企业纷纷通过改进生产流程,邀请客户参观奶源基地,以及申请质量安全标签等方式快速满足消费者对安全食品的需求,旨在建立"食用安全"和"高品质"的好名声。国家统计局 2007 年统计调查显示,在购买场地、品牌、价格、质量认证以及外观包装这五大要素中,购买场地和品牌是消费者对奶制品安全性评价中非常重要的因素,接着是价格和质量认证,较无关紧要的是外观包装。由此可见,消费者对于不同品牌公告质量的认可度是不一样的,即使它们拥有相同的价格或质量认证;正值"食品安全"危机全国扩散之际,调查结果显示消费者对安全的敏感程度显著高于价格因素。

β 是消费者根据企业的历史行为和声誉确定的,反映了消费者对 CSR 项目的认可程度,也可以理解为企业的品牌形象价值。企业通过公告的 CSR 项目向消费者传递一个企业产品质量的信号,消费者根据自身对品牌形象的判断确定可以从该企业产品的消费中所获得的质量效用 $\beta_i q_i$。若效用乘数 β 的取值大于或等于 1,则该企业的 CSR 项目可能产生质量效用溢价效应;反之,若 β 的取值小于 1,则该企业的 CSR 项目可能产生的质量效用将被折价。在这一部分,我们假设企业 2 的品牌形象优于企业 1 的,即

$\beta_1 < \beta_2$,在品牌形象价值不对称的情形下,即使两家企业各自的 CSR 项目实际实现的质量改进效应相同(或 $q_1 = q_2$),但由于企业 2 的质量声誉优于企业 1 的,消费者会认为企业 2 的质量改进信息更为可信,因而购买企业 2 的商品的消费者相比购买企业 1 的商品的消费者可获得更高的质量效用。

每个阶段的计算方法和基本模型一样,两家企业的需求函数可分别表示为

$$
D_i(p,q) = \begin{cases} (t - p_i + p_j)/(2t), q = 0 \\ (t - \alpha - p_i + p_j + \beta_i q_i)/(2t), q_i \neq 0 \text{ 且 } q_j = 0; \\ (t + \alpha - p_i + p_j - \beta_j q_j)/(2t), q_i = 0 \text{ 且 } q_j \neq 0; \\ (t - p_i + p_j + \beta_i q_i - \beta_j q_j)/(2t), q_i \neq 0 \text{ 且 } q_j \neq 0 \end{cases}
$$

$$(3.3)$$

情形 1:两家企业均不考虑 CSR 项目时,与 β 对称的情况一致,$p_{1,00}^{e} = p_{2,00}^{e} = t$ 且 $\Pi_{1,00}^{e} = \Pi_{2,00}^{e} = t/2$。两家企业生产同质的商品,采取相同定价并均分利润。

情形 2:若仅有企业 $i(i,j = 1,2$ 且 $i \neq j)$ 承担社会责任,并启动质量改进为 q_i 的 CSR 项目,则计算并求解第二、第三阶段利润最大化的均衡解,得 $q_{i,10}^{e} = \dfrac{(3t - \alpha)\beta_i}{9t\gamma - \beta_i^2}$。两家企业的价格分别为 $p_{i,10}^{e} = \dfrac{3t\gamma(3t - \alpha)}{9t\gamma - \beta_i^2}$ 和 $p_{j,10}^{e} = 2t - \dfrac{3t\gamma(3t - \alpha)}{9t\gamma - \beta_i^2}$,两家企业的利润分别为 $\Pi_{i,10}^{e} = \dfrac{\gamma(3t - \alpha)^2}{2(9t\gamma - \beta_i^2)}$ 和 $\Pi_{j,10}^{e} = \dfrac{t[3\gamma(3t + \alpha) - 2\beta_i^2]^2}{2(9t\gamma - \beta_i^2)^2}$。

情形 3:若两家企业同时采取 CSR 战略,由于企业的单位生产成本相同,即使在两家企业的 β 不相同的假设下,企业 1 和企业 2 依然采用相同的定价策略 $p_{1,11}^{e} = p_{2,11}^{e} = t$ 并均分市场。区别于对称情形的是两家企业愿意承担的质量改进程度不同,可分别表示为 $q_{1,11}^{e} = \dfrac{\beta_1(2\beta_2^2 - 9t\gamma)}{3\gamma(\beta_1^2 + \beta_2^2 - 9t\gamma)}$ 和 $q_{2,11}^{e} =$

$\dfrac{\beta_2(2\beta_1^2-9t\gamma)}{3\gamma(\beta_1^2+\beta_2^2-9t\gamma)}$，由于企业各自为 CSR 项目额外支付的投资成本 $\dfrac{\gamma}{2}q_i^2$ 不

同，因而企业间的利润分配变为 $\Pi_{1,11}^{ee}=\dfrac{(9t\gamma-\beta_1^2)}{18\gamma}\left(\dfrac{2\beta_2^2-9\gamma}{\beta_1^2+\beta_2^2-9t\gamma}\right)^2$ 和

$\Pi_{2,11}^{ee}=\dfrac{(9t\gamma-\beta_2^2)}{18\gamma}\left(\dfrac{2\beta_1^2-9\gamma}{\beta_1^2+\beta_2^2-9t\gamma}\right)^2$。

引理 2：声誉较好或 β 值较高的企业单独采取 CSR 战略时（假设 $t=1$

和 $\gamma=1$），如果 $1<\beta_2<\tilde{\omega}=3/\sqrt{2}$ 且 $\alpha\in\left[0,\dfrac{(2\beta_2^2-9)}{9}\cdot\left(3-2\sqrt{2}+\dfrac{2\sqrt{2}}{\beta_2^2-8}\right)\right]$，

则具有声誉优势的企业 2（即 $\beta_2>\beta_1=1$）可以通过 CSR 项目垄断市场（即

$D_{2,01}^e\geqslant1$），而处于声誉劣势的企业 1 将会被驱逐出市场。

此时若企业 2 采取 CSR 战略，而企业 1 不采取 CSR 战略，则企业 2 可

以战略性地垄断市场，并获得垄断利润 $\Pi_{2,01}^M=\dfrac{(3t-\alpha)}{2(\beta_2^2-9t\gamma)^2}[54t^2\gamma^2+(\alpha-$

$3t-6t\gamma)\beta_2^2]$。当 $1<\beta_2<\tilde{\omega}=\dfrac{3}{\sqrt{2}}$ 时，α 是 β_2 的减函数，因而当 β_2 无限趋近于 1

时得到 α 的局部最大值 $(16\sqrt{2}-21)/9\approx0.18$。可见，只有在两家企业声誉

差异不大 $\left(1<\dfrac{\beta_2}{\beta_1}<\dfrac{3}{\sqrt{2}}\right)$ 时，才有可能出现声誉处于劣势的企业因不采取质

量改进措施而被驱逐出市场的情况，此时对应的社会平均质量水平也非常

低（必然小于 0.18）。换言之，具有声誉优势的企业在低平均质量水平的行

业环境中更有动力利用 CSR 质量改进项目（作为价格竞争之外的战略行

为）向消费者传递企业产品质量改进的信息，抢占原属于其旗鼓相当的竞争

对手的市场份额。

与基本模型类似，企业在第一阶段的纯策略均衡结果可以用命题 2 表

示，为了突出不对称声誉效应（$\beta_1\neq\beta_2$）对企业进行 CSR 投资选择的影响，我

们令 $t=1$ 和 $\gamma=1$。

命题 2：在两家企业的声誉效应不相同（$\beta_1\neq\beta_2$）的假设下，两家企业

CSR 投资博弈的纳什均衡结果如下:

①若 $\beta_1 < \beta_2 < \dfrac{3}{\sqrt{2}}$ 且 $0 < \alpha < \psi(\beta_1, \beta_2)$,其中 $\psi(\beta_1, \beta_2) = [(9 - 2\beta_2^2)(9 - \beta_2^2)$

$\sqrt{9 - \beta_1^2}]/[9(9 - \beta_1^2 - \beta_2^2)] - (9 - 2\beta_2^2)/3$,则两家企业必然同时选择履行社会责任;

②若 $\beta_1 < \beta_2 < 3$ 且 $(\alpha - 3)^2 + \beta_2^2 < 9$,或 β_2 增加至 $\beta_2 > 3 > \beta_1$ 且 $(\alpha - 3)^2 + \beta_1^2 < 9$,则两家企业必然选择均不启动改进产品质量的 CSR 项目。当 $\beta_1 < \beta_2 < \dfrac{3}{\sqrt{2}}$ 时,满足 $(\alpha - 3)^2 + \beta_2^2 < 9$ 的 α 必定大于命题 2①中的 α;

③随着 β_1 的增加,若 $\beta_2 > \beta_1 > 3$,则无论行业平均质量水平 $\alpha (> 0)$ 如何取值,两家企业均选择不启动改进产品质量的 CSR 项目。

命题 2①中的企业 1 实现的质量改进为 $q_1 = \dfrac{\beta_1(9t\gamma - 2\beta_2^2)}{3\gamma(9t\gamma - \beta_1^2 - \beta_2^2)}$,企业 2 实现的质量改进为 $q_2 = \dfrac{\beta_2(9t\gamma - 2\beta_1^2)}{3\gamma(9t\gamma - \beta_1^2 - \beta_2^2)}$,两家企业均维持初始均衡时的定价策略 $p = t$,并且两家企业将平均分割市场。与此同时,由于 q 的取值不同,企业 1 可获得的利润小于企业 2 可获得的利润,即 $\Pi_{1,11}^r < \Pi_{2,11}^r$。命题 2① 和命题 2②的主要区别在于后者比前者具有更广的 β 的取值范围,并且对应更高的行业平均质量水平 α。

而命题 2③是命题 2①和命题 2②在 β 取值空间上的延伸。对比拓展模型命题 2 和基本模型命题 1 可以发现,在加入非对称的声誉机制后,两家企业在选择是否采取 CSR 战略投资时所面临的客观条件约束与企业声誉对称的情形是一致的,即仅当行业平均质量水平 α 和质量效用乘数 β 均较低时,两家企业才会同时考虑采取 CSR 战略,无论是 α 还是 β,一旦超过所对应的临界点,企业均会选择不采取 CSR 战略。

2008 年,中国奶制品污染事件将中国乳品企业推上了极其尴尬而急迫的转"形"(指企业形象)之路,由于乳品本身较低的可替代性和较高的必须性,这些乳品企业很快就从这场形象灾难中恢复过来了。事实上,这场灾难为那些本身不知名但是恪守商业道德的企业带来了意外的发展契机。伊利公司在 2009 年的前三季度共计实现净利润 5.51 亿元,较 2008 年同期大增636.66%。伊利公司是乳制品行业中唯一一家做到销售额和利润同时较2008 年同期大幅增长的企业,其全年的营业收入在整个乳制品行业中是遥遥领先的。伊利的好成绩源于它对危机快速、全面的应变能力及其产品质量安全检测体系。为了克服消费者的质疑、增强消费者的信心,伊利公司在对奶源的检测环节中额外增加了包括兴奋剂、激素和抗生素等有害物质在内的 76 个检测项目,对硬性卫生指标提出更高的要求,并在生产和包装过程中制定和执行了更为严格的卫生指标标准。

从国际权威品牌研究机构"世界品牌实验室"公布的品牌价值中,我们可以清楚地看到,产品质量安全 CSR 项目在行业危机时期能够多大程度地改变竞争格局(见图 3-1)。图 3-1 显示了中国三大乳业企业(伊利、蒙牛和完达山)2004—2012 年的年度品牌价值(亿元),从图中我们可以得到以下三个结论:①品质可靠的企业能够在社会产品质量危机中获得帮助企业快速发展的社会责任竞争力。完达山乳业经受住了中国奶制品污染事件的考验,并在此期间实现了低成本扩张,旗下的所有生产厂于 2011 年 3 月全部通过国家生产许可证审核,同年首次成为亚洲 500 强品牌。2012 年"中国500 最具价值品牌排行榜"中,完达山的品牌价值为 97.86 亿元,相比于2004 年的 17.82 亿元,累计实现的增长率高达 449%。②不能够快速回应大众质量安全需求的企业的品牌价值会大幅缩水。蒙牛乳业的品牌价值于2004—2007 年一直保持 4% 左右的增长率,而 2008 年快速发展,其增速高达 50.5%,但是不曾估计到的是,随着 2008 年的毒奶粉事件在全国的大范围扩散,蒙牛未能与伊利一样快速、正面地回应市场质疑,因而于 2009 年和2010 年这两年其品牌均无缘世界 500 强。③处于声誉劣势的企业(蒙牛)的市场份额被其竞争对手所瓜分。如图 3-1 所示,虽然伊利的品牌价值一

直处于领先地位，但是乳品危机对其品牌声誉产生巨大的负面作用，伊利在
2008 年和 2009 年的快速增长是以蒙牛的消极反应为条件的。自 2010 年
始，声誉劣势企业蒙牛经过一系列的调整后，对奶源的控制能力有所增强，
同时伊利的品牌价值大幅度地下降。在此乳业危机期间，蒙牛的品牌受损
程度明显大于伊利，但是由于两者的奶源皆来自内蒙古，因而两个品牌都受
到消费者的质疑，至 2011 年和 2012 年时，两者的品牌价值已经非常接近。
与此形成鲜明对照的是，使用不同奶源（黑龙江）的完达山的品牌价值年增
速高达 45％。

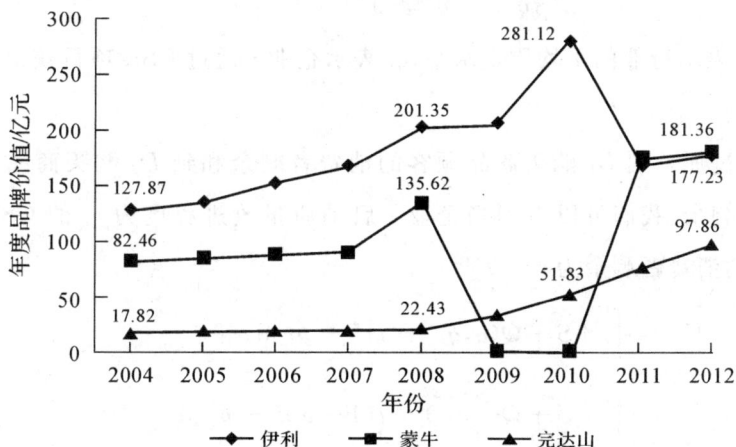

图 3-1　中国三大乳业企业 2004—2012 年的年度品牌价值

　　本章模型所得命题正好与上述事实相符合，并阐述了其中的经济动因。
由此可见，食品、饮料行业的竞争激烈，企业难以再用价格战的方法扩大市
场占有率，而应更注重品牌的树立和推广，以品牌吸引客户，培养忠诚度。

3.1.4　社会福利分析

　　本小节主要分析企业的 CSR 投资如何影响社会福利。我们将考虑两
个方面的问题：企业的 CSR 战略博弈能否改进社会福利？ CSR 项目对社会

福利的改进(或恶化)的传导机制是怎样的?由于 $\beta_1=\beta_2$ 只是 $\beta_2\geqslant\beta_1$ 的特殊情形,本小节的讨论只考虑 $\beta_2\geqslant\beta_1$ 这一更具一般性的情形。

我们用 W_{km} 表示在企业 1 选择状态 $k=0,1$ 和企业 2 选择状态 $m=0,1$ 时的社会福利水平,它等于在此 (k,m) 组合下企业 1 和企业 2 的利润,以及消费者剩余 CS_{km} 三者之和,即 $W_{km}=\Pi_{1,km}+\Pi_{2,km}+CS_{km}$。我们保持第 3.1.2 小节的假设,即每个消费者购买 1 单位的商品可得到足够大的保留效用 S。

消费者从购买企业 i 的商品中所能获得的质量效用为

$$Q(\alpha,q_i)=\begin{cases} \alpha, & q_i=0, \\ \beta_i q_i, & q_i\neq 0 \end{cases} \tag{3.4}$$

式中:α 表示行业的平均质量水平;q_i 表示企业 i 通过 CSR 项目获得的质量改进。

通过加总到 D_1 购买商品顾客的消费者剩余和到 D_2 购买商品顾客的消费者剩余,我们可以得到当企业 i 启动质量改进程度为 q_i 的 CSR 项目时,总的消费者剩余为

$$CS=\int_0^{D_1}\left[S+Q(\alpha,q_1)-tx^2-p_1\right]dx+$$

$$\int_{D_1}^1\left[S+Q(\alpha,q_2)-t(1-x)^2-p_2\right]dx \tag{3.5}$$

已知企业的利润函数为 $\Pi_i=p_i D_i-\dfrac{\gamma q_i^2}{2},i=1,2$,因而社会福利函数可表示为

$$W_{km}=p_1 D_1+p_2(1-D_1)-\frac{\gamma}{2}(q_1^2+q_2^2)+CS \tag{3.6}$$

我们首先计算两家企业均不采取 CSR 战略时的社会福利水平。在纳什均衡结果下,两家企业的利润和为 $\Pi_{1,00}^\varpi+\Pi_{2,00}^\varpi=t$,因而在此情形中的社会福利水平为 $W_{00}^\varpi=S-\dfrac{t}{12}+\alpha$。很明显地,由于消费者没有得到关于两家企业产品质量的任何信息,所以此时的社会福利水平仅与保留效用、运输成

本以及社会平均质量水平相关，是关于 t 的线性减函数，也是关于 α 的减函数，只要 S 足够大，就可以保证社会福利水平始终为正数。

我们再看另一纳什均衡结果：两家企业同时选择采取 CSR 战略，即（承担，承担）时的社会福利水平。代入第 3.1.3 节计算得到的均衡结果，我们可得到相应的社会福利水平为 $W_{11}^{ec} = -\dfrac{9t\gamma(\beta_1^2+\beta_2^2)-4\beta_1^2\beta_2^2}{6\gamma(-9t\gamma+\beta_1^2+\beta_2^2)}-$
$\dfrac{[\beta_2(9t\gamma-2\beta_1^2)]^2+[\beta_1(9t\gamma-2\beta_2^2)]^2}{18\gamma(-9t\gamma+\beta_1^2+\beta_2^2)^2}+S-\dfrac{t}{12}$。为了简化分析结果且不失一般性，以更好地解释该模型框架下的社会福利结果，我们沿用假设条件 $t=1$，$\gamma=1$ 和 $\beta_2\geqslant\beta_1=1$。比较 W_{00}^{ec} 和 W_{11}^{ec} 后可得以下命题。

命题 3：①当 $0\leqslant\alpha<\dfrac{143}{324}+S$ 时，如果 α 和 β_2 同时满足条件 $1\leqslant\beta_2\leqslant\tilde{\beta}\approx$
2.34562 和 $0\leqslant\alpha\leqslant\dfrac{135+80\beta_2^2-19\beta_2^4}{18(-8+\beta_2^2)^2}$，则 $W_{11}^{ec}-W_{00}^{ec}\geqslant0$，即此时（承担，承担）相比（不承担，不承担）更能够改善整体社会福利；

②当 $\alpha\geqslant\dfrac{143}{324}+S$ 时，$W_{11}^{ec}-W_{00}^{ec}=\dfrac{135+80\beta_2^2-19\beta_2^4}{18(-8+\beta_2^2)^2}-\alpha\leqslant0$，此时两家企业如果都采取 CSR 战略，反而会恶化整体社会福利。

不难发现，只要保留效用 S 足够大，则命题 3①中的 $0\leqslant\alpha<\dfrac{143}{324}+S$ 条件总是可以满足的。根据命题 3，可以推出当 α 和 β_2 都较小时（如 $1\leqslant\beta_2\leqslant$
2.34562 的同时 $\alpha\leqslant\dfrac{135+80\beta_2^2-19\beta_2^4}{18(-8+\beta_2^2)^2}\leqslant\dfrac{143}{324}$），CSR 项目为改进质量而产生的质量效用对消费者剩余的增加大于企业为此支付的成本，因而此时同时采取 CSR 战略对社会福利的增长是具有促进作用的。

命题 3 的经济含义是：给定一个较低的社会平均质量水平，如果两家企业的声誉水平差距不是非常大，那么同时采取 CSR 战略肯定是有助于改善社会福利的；但是当两家企业的声誉水平差距过大时，声誉较差的企业愿意进行的 CSR 项目投入将非常小,导致消费者剩余的增加小于投资成本的增加,从而恶化社会福利。

3.2 社会责任战略和出口企业利润:关于声誉效应的检验

本节旨在研究 CSR 战略和企业利润之间的关系。CSR 战略使用企业慈善捐款额来量化。因为企业利润直接决定企业价值,考虑数据的可获得性,本节用企业价值来衡量企业利润。两者的关系可能受到一系列与声誉效应传导有关的因素的影响,如市场竞争、广告强度、企业与政府的联系和财务绩效等因素。经 Heckman 两阶段模型检验后发现:CSR 战略和企业价值之间存在正相关关系;私营企业的 CSR 战略对企业价值的影响比国有企业更为显著;广告强度、市场发展程度和企业财务绩效对 CSR 战略与企业价值之间的关系都有正向调节作用,揭示了声誉效应的存在性。当广告强度和市场发展程度均为高水平时,CSR 战略与企业价值存在正相关关系;当广告强度和市场发展程度均为低水平时,CSR 战略与企业价值存在负相关关系。

3.2.1 假设和猜想

假设 1:CSR 战略可以提升企业价值。

在符合规范和法律条款的情况下,CSR 战略有助于吸引企业的关键利益相关者和政府部门的关注(Frooman,1999),可以帮助公司实现政治合法性 (Aldrich 和 Fiol,1994)。从利益相关者理论来看,CSR 战略是企业与主要利益相关者建立良好关系的一种有效手段。CSR 战略可以帮助企业获得"具有社会责任感"的公众形象,还可以帮助企业获取合法和宝贵的政治资源(Hillman 等,1999,2009)。企业的 CSR 战略让政府相信企业管理人员真诚对待其利益相关者,并且可能给予适当的税收优惠和市场保护。例如,可口可乐在进入中国市场时就十分重视企业社会责任,通过与投资所在地的政府等机构合作,为所在地教育、文化、卫生以及劳动力转移做出巨大贡献。其 CSR 战略体现为本地的社会声誉形成,与当地政府建立了良好的关系以获得更多的政治资源,从而实现更高的企业利润(Porter 和 Kramer,2002)。

如果企业的 CSR 战略对企业价值有积极影响,那么这种关系程度还可能与企业性质、利益相关者及企业运营环境等因素有关。企业性质方面主要考虑企业与政府之间的关系,因为私营企业无法在所有权上和政府发生关联,所以也就更有动力通过其他途径(如 CSR 战略)与政府建立良好的合作关系,以换取能实现价值增长的政治资源,因此 CSR 战略对私营企业的企业价值存在更显著的影响。从利益相关者的角度出发,企业知名度和利益相关者的期望就很好地体现了声誉效应对 CSR 战略和企业价值之间的关系的影响。企业知名度越高,利益相关者获得企业信息的途径越多、速度越快、过程越容易,从而利益相关者能够快速、积极地响应。其中,影响企业知名度的主要要素有企业广告强度和所在市场的发展程度。利益相关者对企业的期望主要决定于企业过去的财务绩效表现。因此,企业性质、广告强度、所在市场的发展程度和过去的财务绩效表现都会对 CSR 战略和企业价值的关系产生影响。

假设 2a:企业社会责任与企业价值之间的关系受广告强度的影响。

一些学者的研究表明,企业知名度与利益相关者对其的关注度之间存在正相关关系,随着投资者及媒体支持度的上升(Pollock 等,2008),消费者对其产品的忠诚度将提高。另外,虽然企业知名度越高,越能提高利益相关者的关注,但是企业知名度越高,企业为满足利益相关者的期望承担的风险也越大。比如,Mishina 等(2010)证明得到企业知名度越高,企业从事非法活动满足利益相关者期望的可能性越大。Wang 等(2008)认为由于外部利益相关者不是直接的受益者,有可能不清楚 CSR 战略的情况,影响声誉效应发挥作用。如果企业知名度很高,则利益相关者可以了解企业的 CSR 战略信息,并且对企业形象形成相应的信念(McWilliams 和 Siegel,2001),因此知名度有助于 CSR 战略中声誉效应的传递;如果企业知名度小或者利益相关者的关注度很低,则 CSR 战略对需求和利润的影响可能比较小。

在商业实践中,广告强度是企业提高知名度的重要手段。广告及营销强度越大,越有助于吸引外部利益相关者(Brammer 和 Millington,2008)。企业的广告越频繁,利益相关者能够了解的信息越多,则企业实施 CSR 战略被认知的可能性越高(Adams 和 Hardwick,1998)。所以,企业的广告投入越多,企业被公众认知的可能性就越大,CSR 战略通过声誉效应获得的边际收益也就越多。

假设 2b:CSR 战略与企业价值之间的关系受到所在市场环境的影响。

企业知名度及利益相关者的关注度还受企业运营所在市场环境的影响。公众一般通过直接渠道或间接渠道获得企业信息,如媒体或股票市场(Fombrun 和 Shanley,1990),企业位于相对发达的市场,其透明度越高,公众及利益相关者对其的了解就越多。因为相对发达的市场不仅交易效率高,而且提供的科技更先进、资本更多,被媒体曝光的可能性更大,所以公众和利益相关者获得企业信息非常方便。在发展程度比较高的市场,企业履行社会责任,如从事 CSR 战略会很快被关注,其利益相关者会通过更多合作支持企业履行社会责任,改善企业绩效。相反,在不发达的市场,由于信息传递渠道落后,信息不能有效传达,企业履行社会责任被关注的可能性很小,对企业绩效的影响不大。

尽管近几十年中国整体经济取得较快发展,但不同地区的市场发展程度不同,沿海和东部地区相对发达,中部与西部地区的市场发展仍比较落后。所以,中国各地区的工资水平、信息流动、技术和基础设施都存在差异。

假设 2c:企业财务绩效对 CSR 战略与企业价值之间的关系有影响。

一般来说,利益相关者都愿意积极响应企业参与 CSR 战略,但是他们的响应程度会受到企业融资能力的影响。如在 2008 年汶川地震的抗震救灾中,万科作为中国房地产巨头之一,仅捐款 200 万元,远低于民众期望的捐款数。随后万科的董事长为公司行为的说明进一步引发公司的信用危机,从而在短短五天(5 月 15 日至 20 日),其股票价格下降 12%。而加多宝集团捐赠了 1 亿元,成为"无私捐赠者",短短几天内,该公司主要产品的销量大大增加。

企业管理者做出投资决策时,往往受到企业内外部各种要素的制约(Hambrick 和 Finkelstein,1987)。如果企业从事与企业业务无关的活动,则约束会更大。因此,被认为与企业业务无直接相关性的 CSR 战略遇到的约束将更多,在所有这些因素中,企业财务绩效是重要的约束之一,因为财务绩效好的企业有更多的财力和物力参与 CSR 战略。Dooley 和 Lerner(1994)研究发现企业财务绩效是影响企业管理者关心利益相关者期望程度的重要因素。同样,大部分市民期望获利能力强的企业能更多地参与 CSR战略,他们会有更大的动机响应这些企业。当企业绩效不佳时,利益相关者理解此时企业应该用有限的资源提高企业绩效,而不是捐给慈善公司。按照这个逻辑,CSR 战略给获利能力强的企业带来的好处应该比给财务绩效不佳的企业带来的好处更多。

通过效用合法性(pragmatic legitimacy)和道德合法性可以更好地理解这个逻辑(Suchman,1995)。效用合法性基于同组织有直接接触的社会成员的利益计算,组织的存在及其行动影响这些成员的利益。具有高获利能力的企业更容易获得效用合法性,典型的表现为将收益分给利益相关者,如给予员工更高的报酬,提供给股东更高的分红,提供高质量产品给消费者(Suchman,1995)。如果一个企业缺乏效用合法性(即不满足利益相关者的基本财务需求),则利益相关者对企业为了获得社会政治合法性和道德合法性的活动的关注度将降低。只有当企业满足利益相关者的基本需求时,利益相关者才会积极响应企业的社会责任。

假设 3:相比国有企业,CSR 战略对私营企业的企业价值的影响更大。

政府对企业行为有重大的影响(Hillman 和 Hitt,1999)。通过制定政策和法规,政府可以决定商务规则、市场结构、市场大小等。所以,政府政策的制定和实施会给企业经营带来不确定性和外部性(Hillman 等,1999)。依据资源依赖理论,企业可以采取政治行动减少风险和不确定性(Hillman 等,2009),所以企业通过各种可能的途径与政府建立良好的关系,如宣传广告,组织政治行动委员会,制定财务贡献,形成联盟,并给以前的政府官员提供工作(Lester 等,2008)。以上策略通常直接以政府为对象,CSR 战略的直接对象为社会。因此,企业和政治资源的联系是间接的,有时甚至是无意的。然而,从某种程度来说,CSR 战略满足了政府提供社会服务的需求,可以替代其他方式,帮助企业与政府产生关联,因此,从资源依赖的角度来看,企业从事慈善事业有助于企业降低与政府相关的风险的影响。因此,企业更多地依赖政府获得政治资源,从 CSR 战略中获得好处。

国有企业的管理者不必像私营企业的管理者一样担心如何获得政治资源,因为国有企业已经在享受产品和资本市场方面的优惠待遇。Wang 等(2008)和 Hellman 等(2003)指出国有企业有更大的安全性和更大的合同权利,与政府有更加紧密的关系。因此,国有企业享受的优惠很明显,表现出更快的增长速度。而私营企业的财产和合同权利的安全性比较低,需要通过其他途径与政府建立良好的关系,如公司从事慈善事业。

自 20 世纪 80 年代开始,中国私营企业开始激增,但是其法律地位仍不确定。1988 年,私营企业具有法律地位,但是企业所有者仍担心政策逆转,使其所有权贬值。此外,通过债务融资获得关键要素和资本资源不利于私人控股公司。为了克服这些不利条件,私营企业可能有动机从事 CSR 战略,将其作为与潜在的监管者和政府官员创建良好关系的手段。有关调查显示，99％的政府官员和 80％的私营企业家相信当他们对当地有贡献时，企业的社会和政治地位会明显改善（Dickson，2003）。上述观点表明，当 CSR 战略处于同一水平时，私营企业比国有企业获得的政治回报更高。

3.2.2　计量模型设定

（1）样本数据选择

本小节以沪深两市 A 股上市的 2574 家企业为样本，剔除财务数据不全和非连续出口的企业，最后以 624 家企业为样本。因为自 2007 年开始企业社会责任披露信息制度比较完善，相关数据比较完整，而 2012 年的数据缺失很严重，所以样本的时间跨度为 2007 年到 2011 年。企业的相关财务数据来自国泰安 CSMAR 数据库，其中企业捐助总额由 CSMAR 数据库上市企业财务报表之损益项目数据整理而得，各省地区生产总值和政府预算支出来自历年《中国统计年鉴》。

（2）变量选择

企业价值：企业价值采用资产收益率（ROA）和托宾 Q（Tobin Q）表示，这两种测量方法在现有文献中普遍存在（Hillman，2005）。资产收益率是用来衡量每单位资产创造多少净利润的指标。托宾 Q 作为衡量企业价值的指标，其优点在于将市场数据域的财务数据有效地结合起来，弥补了单纯用市场数据或财务数据衡量的不足。托宾 Q 值反映了投资者对企业成长性的市场评价，该值越高，表明投资者对企业的评价越高，企业越被看好。由于企业社会责任对企业价值的影响有滞后性，所以，在实证检验时，企业价值用滞后 1 年的值表示。

CSR 战略（G）：用 CSMAR 提供的企业慈善捐款额衡量，该变量存在高度偏斜，我们借鉴 Adams 和 Hardwick(1998)的做法，将其做自然对数处理。

调节变量（M）：①企业广告强度，用管理费用率衡量，这个指标反映企业在多大程度上愿意在市场营销和销售方面区别于其他企业（Berman 等，

1999；McWilliams 和 Siegel，2001；Seifert 等，2004）；②市场发展程度，采用省政府预算支出占地区生产总值的比值衡量市场发展程度，该变量用来体现各省资源在何种程度上由市场分配。我们选企业所在省的市场发展程度作为企业的市场发展水平，如果企业分布于多个省份，则选其总部所在省份的市场得分；③企业过去的绩效，采用滞后一年的 ROA 和托宾 Q 表示。④企业性质，用虚拟变量表示，如果是国有企业则取"1"；如果不是国有企业则取"0"（Wang 等，2008）。

控制变量(C)：包括企业规模、企业年龄和企业资产负债率。企业规模采用企业总资产取自然对数后的值表示，Orlitzky 等（2003）证明该值是体现企业社会责任与企业绩效的关系的一个重要变量。企业年龄选用企业上市年数表示，企业资历越深，其成本结构越规范。借鉴 Barnett 和 Salomon（2006）、Waddock 和 Graves（1997）的研究，企业资产负债率采用长期负债额与总资产的比值表示。同时，为控制不同行业 CSR 战略影响的不同，Waddock 和 Graves（1997）的研究引入 13 个虚拟变量表示 13 种行业（行业分类参考 CSRC 标准）。

所有控制变量都加入第一阶段的 Probit 模型，用来预测企业愿意参与 CSR 战略的可能性，所有控制变量值均是滞后一年的数据。这是因为企业规模、企业年龄和企业资产负债率都可能影响企业参与 CSR 战略。企业的成立时间越久、规模越大，其知名度就越高，公众对其的关注度也就越大。企业资产负债率反映了企业面临的资金约束问题，这会影响企业参与 CSR 战略的决定。企业越需要做广告，就会越积极投入 CSR 战略，因为 CSR 战略也是广告的一种形式（Seifert 等，2004）。企业财务绩效越好，越可能参与慈善事业，所以应在第一阶段模型中加入企业之前的财务绩效表现。

此外，Heckman 第一阶段模型中还加入了闲置资本和行业平均捐助水平。Buchholtz 等（1999）和 Seifert 等（2004）的研究显示，企业拥有闲置资本的多少是影响企业是否参与 CSR 战略的重要因素之一。借鉴 Seifert 等

(2004)的研究，我们采用资本现金流量表示企业闲置资本。Galaskiewicz
和 Burt(1991)的研究表明，行业平均捐助水平对企业是否参与 CSR 战略有
明显的作用。

（3）检验方法

第一步，Heckman 两阶段模型。

本小节采用 Heckman 两阶段模型进行实证检验。Heckman 模型中的
第一阶段采用 Probit 模型验证企业参与 CSR 战略的可能性。Probit 模型
中，CSR 战略采用虚拟变量表示，即参与 CSR 战略的表示为"1"，否则表示
为"0"，本小节包含所有控制变量，采用全部样本进行检验。我们通过
Probit 模型计算出逆米尔斯比率（IMR），并将其以控制变量的形式加入
Heckman 第二阶段模型，第二阶段实证检验样本为参与 CSR 战略的所有企
业，计量模型用公式表达为

$$\Pi_{t+1} = \beta_0 + \beta_1 \Pi_t + \beta_2 G_t + \beta_3 M_t + \beta_4 G_t \times M_t + \beta_5 \mathrm{IMR}_t + \beta_6 C_t + \varepsilon_t$$

$$(3.7)$$

式中：Π_{t+1} 和 Π_t 分别表示企业财务绩效（企业价值）和其滞后值；G_t 指企业
在第 t 年的慈善捐款额；M_t 表示调节变量，包含广告强度、市场发展程度和
与政府的关联性（企业性质）；交叉项 $G_t \times M_t$ 表示因变量和调节变量的交互
作用；IMR_t 是来自第一阶段的逆米尔斯比率；ε_t 是误差项。

第二步，绘制交互作用图。

为了更合理地解释实证结果，本小节采用 Aiken 和 Wests(1991)的方
法，更形象地给出交互作用效果图，直观地给出广告强度、市场发展程度、企
业过去的财务绩效及企业与政府的关系对 CSR 战略与企业价值之间的关
系的影响。具体步骤如下：首先，将各变量标准化，构造出交互作用项；然
后，进行直线回归，得到各项回归系数；最后，利用 Excel 绘制交互作用图。

3.2.3　计量结果和声誉效应分析

描述性统计和相关性分析如表 3-2 所示。

表 3-2　描述性统计和相关性分析

变量	捐款虚拟变量	企业年龄	企业规模	闲置资源	资产负债率	广告强度	ROA	托宾 Q	企业性质	行业平均捐助水平
均值	0.834	4.671	15.28	1.758	0.728	0.086	0.569	3.482	0.279	2.438
标准差	0.175	0.171	0.478	5.675	0.765	0.079	0.916	3.782	0.363	3.018
捐款虚拟变量	1.000									
企业年龄	0.168	1.000								
企业规模	0.175	0.182	1.000							
闲置资源	0.018	−0.128	0.318	1.000						
资产负债率	−0.059	−0.629	−0.081	−0.789	1.000					
广告强度	0.378	0.196	−0.124	−0.189	−0.018	1.000				
ROA	0.019	0.035	0.024	0.035	−0.562	0.019	1.000			
托宾 Q	0.105	0.563	0.081	−0.178	0.023	0.017	−0.826	1.000		
企业性质	0.147	0.090	0.090	0.091	0.091	0.091	0.090	0.228	1.000	
行业平均捐助水平	0.017	0.019	0.003	−0.672	−0.972	−0.025	−0.009	−0.013	−0.009	1.000

注：数据由作者整理后经 STATA 计算所得。

从表 3-2 可以看出，企业选择 CSR 战略的虚拟变量的平均值为 0.834，标准差为 0.175，企业规模、企业负债率、行业平均捐助水平、企业和政府之间的关系都与企业的 CSR 战略的虚拟变量有显著的关系。表 3-2 给出了用于 Heckman 两阶段检验变量之间的相关性，企业规模、资产负债率、CSR 战略等变量之间都存在显著的相关性。本小节还采用方差膨胀因子（VIF）检测各变量之间是否存在多重共线问题。所有模型中最大的 VIF 为 1.83（ROA_{t-1}），VIF 的平均值为 1.58，当 $0 < VIF < 10$ 时，不存在多重共线性，所以本小节的各变量不存在多重共线性。

表 3-3 给出了 Heckman 第一阶段 Probit 模型的检验结果，企业的 CSR 战略选择是虚拟变量，表明企业是否会参与 CSR 战略。模型 1 包含截距

项、企业年龄、企业规模、闲置资本、资产负债率、广告强度等变量,结果显示,除了变量 ROA,其他变量对 CSR 战略选择都有显著的影响。

表 3-3　Heckman 第一阶段 Probit 模型的检验结果

变量	模型 1	模型 2	模型 3
截距项	2.693** (1.91)	1.999** (1.88)	2.729** (2.35)
企业年龄	0.928*** (8.53)	0.955*** (8.98)	0.101*** (9.01)
企业规模	0.251*** (5.32)	0.249*** (5.18)	0.230*** (4.99)
闲置资本	0.003** (0.09)	0.002** (1.09)	0.003** (1.05)
资产负债率	−0.001 (−0.05)	−0.001 (−0.06)	−0.001 (−0.05)
广告强度	0.529** (3.25)	0.644** (3.98)	0.650** (4.35)
ROA	0.022 (0.34)	0.022 (0.35)	0.023 (0.35)
托宾 Q	0.110** (3.30)	0.121 (3.15)	0.110** (3.21)
企业性质		0.101*** (3.39)	0.102*** (3.42)
行业平均捐助水平			0.250*** (2.53)
行业虚拟变量	包含	包含	包含
时间虚拟变量	包含	包含	包含
Wald χ^2	404.77 (0.000)	206.29 (0.000)	214.46 (0.000)

注:所有解释变量值都滞后一年,***,** 分别表示 1%、5% 的显著性水平,括号内显示 t 值。

模型 1 中,企业年龄对 CSR 战略选择的影响最大,这是因为样本企业的上市时间越长,经济发展时间越长,企业的整体结构越健全,高层管理者的管理能力越强,在其他方面正常的条件下,企业的收益将比较稳定,所以对 CSR 战略的选择有正向影响。模型 2 中加入了表示企业性质的虚拟变量,从检验系数符号可以看出,企业与政府的关系对企业选择 CSR 战略有正向作用。模型 3 中加入表示企业所在行业的平均捐助水平的变量,检验结果与上文的讨论相符,行业平均捐助水平对企业选择 CSR 战略有带动作用,即行业平均捐助水平越高,企业选择 CSR 战略的可能性越大。在模型 1~3 中,企业规模和 CSR 战略的虚拟变量之间都呈现出显著的正向作用,即企业规模越大就越可能实施 CSR 战略。用 ROA 和托宾 Q 表示的企业过去的财务绩效表现与企业参与 CSR 战略的可能性没有显著的关系。企业性质、广告强度和行业平均捐助水平的参数估计值显著为正,表示国有企业更有可能选择 CSR 战略,广告强度高的企业更有可能选择 CSR 战略,以及行业平均捐助水平能够提高企业选择 CSR 战略的概率。分别以 ROA 和托宾 Q 表示企业价值的 Heckman 第二阶段模型的回归结果见表 3-4 和表 3-5,在第二阶段回归方程(3.7)中加入 IMR,表示选择偏差,并采用逐步回归法检验 CSR 战略与企业价值之间的关系及影响因素的交互作用。

表 3-4 Heckman 第二阶段检验结果(企业价值以 ROA 表示)

变量	模型 1	模型 2	模型 3	模型 4	模型 5	模型 6	模型 7
IMR	0.002 (0.01)	0.010 (0.02)	0.094*** (6.81)	0.129*** (6.72)	0.135*** (6.72)	0.269*** (2.98)	0.269*** (2.98)
截距项	3.769*** (5.39)	4.396*** (5.78)	3.786*** (5.62)	3.598*** (5.65)	3.678*** (5.78)	3.353*** (4.96)	3.195*** (4.16)
ROA_{t-1}	0.101*** (7.76)	0.102*** (7.76)	0.102*** (7.78)	0.099*** (7.35)	0.099*** (7.35)	0.099*** (7.36)	0.099*** (7.35)

续表

变量	模型 1	模型 2	模型 3	模型 4	模型 5	模型 6	模型 7
企业年龄	0.169 (1.11)	0.157 (0.99)	0.259*** (5.06)	0.259*** (5.65)	0.302*** (2.65)	0.079 (0.38)	0.079 (0.38)
企业规模	0.075*** (4.81)	0.083*** (5.33)	0.073*** (3.20)	0.072*** (3.19)	0.074*** (3.20)	0.079*** (3.61)	0.075*** (3.61)
资产负债率	−0.332*** (−25.22)	−0.344*** (−25.26)	−0.385*** (−25.24)	−0.337*** (−25.28)	−0.335*** (−25.26)	−0.326*** (−18.83)	−0.329*** (−18.83)
广告强度		0.053*** (3.47)	0.052*** (3.47)	0.053*** (3.47)	0.053*** (3.47)	0.053*** (3.47)	0.053*** (3.47)
市场发展		0.039*** (3.25)	0.039*** (3.25)	0.039*** (3.24)	0.039*** (3.34)	0.039*** (3.34)	0.039*** (3.34)
企业性质		0.015* (1.72)	0.015* (1.72)	0.016* (1.72)	0.016* (1.72)	0.016* (1.72)	0.016* (1.72)
企业捐款			0.008* (1.61)	0.008* (1.65)	0.008* (1.65)	0.008* (1.72)	0.008* (1.72)
企业捐款× 广告强度				0.181** (2.59)	0.182** (2.61)	0.181** (2.54)	0.181** (2.53)
企业捐款× 市场发展					0.091** (1.95)	0.091** (1.92)	0.091** (1.92)
企业捐款× ROA_{t-1}					0.133*** (20.25)	0.133*** (20.25)	
企业捐款× 企业性质							−0.179*** (16.50)
行业虚拟变量	包含	包含	包含	包含	包含	包含	包含
时间虚拟变量	包含	包含	包含	包含	包含	包含	包含
R^2	0.25	0.32	0.39	0.43	0.43	0.43	0.43

　　注：所有解释变量值都滞后一年，***，**，*分别表示 1%、5% 和 10% 的显著性水平，括号内显示 t 值。

表 3-5　Heckman 第二阶段检验结果(企业价值以托宾 Q 值表示)

变量	模型 1	模型 2	模型 3	模型 4	模型 5	模型 6	模型 7
IMR	0.005 (0.12)	0.004 (0.07)	0.109*** (6.81)	0.109*** (6.72)	0.109*** (6.72)	0.109*** (2.98)	0.109*** (2.98)
截距项	3.364*** (8.60)	3.551*** (7.98)	3.010*** (8.03)	3.483*** (8.31)	3.382*** (8.15)	3.289*** (4.67)	3.672*** (4.49)
托宾 Q_{t-1}	0.131*** (8.04)	0.131*** (7.76)	0.132*** (7.53)	0.133*** (7.53)	0.131*** (7.53)	0.131*** (4.46)	0.131*** (4.46)
企业年龄	0.179 (1.11)	0.183 (0.99)	0.182*** (12.06)	0.182*** (2.65)	0.182*** (2.65)	0.082 (0.15)	0.082 (0.16)
企业规模	0.139*** (20.56)	0.131*** (19.24)	0.132*** (19.24)	0.131*** (19.24)	0.131*** (19.24)	0.632*** (9.71)	0.632*** (9.72)
资产负债率	−0.692*** (−20.06)	−0.689*** (−20.44)	−0.691*** (−20.33)	−0.691*** (−20.39)	−0.692*** (−20.39)	−0.692*** (−21.78)	−0.692*** (−21.79)
广告强度		0.059*** (2.85)	0.059*** (2.85)	0.058*** (2.85)	0.058*** (2.85)	0.058*** (2.85)	0.058*** (2.85)
市场发展		0.382*** (9.90)	0.382*** (9.90)	0.382*** (9.90)	0.382*** (9.89)	0.382*** (9.90)	0.382*** (9.91)
企业性质		0.028 (0.74)	0.028 (0.74)	0.028 (0.74)	0.028 (0.74)	0.028 (0.74)	0.028 (0.74)
企业捐款			0.097*** (2.01)	0.097*** (2.01)	0.097*** (2.01)	0.098*** (2.01)	0.097*** (2.01)
企业捐款× 广告强度				0.210*** (2.35)	0.212*** (2.35)	0.212*** (2.35)	0.211*** (2.35)
企业捐款× 市场发展					0.155** (9.02)	0.155** (9.02)	0.155** (9.02)
企业捐款× 托宾 Q_{t-1}						0.142*** (22.36)	0.142*** (22.36)
企业捐款× 企业性质							−0.199*** (17.90)
行业虚拟变量	包含	包含	包含	包含	包含	包含	包含
时间虚拟变量	包含	包含	包含	包含	包含	包含	包含
R^2	0.29	0.41	0.58	0.58	0.59	0.59	0.59

注:所有解释变量值都滞后一年,***,** 分别表示 1%、5% 的显著性水平,括号内显示 t 值。

表 3-4 是用 ROA 衡量企业价值。其中，模型 1 是基础模型，显示了企业基本控制变量，企业规模、企业年龄和资产负债率的影响程度，由于企业规模效应，企业规模对企业价值有显著的正向影响，回归系数通过 1% 显著性水平检验，企业规模每提高 1 个百分点，企业价值提升 0.08 个百分点。模型 2 中加入了广告强度、市场发展程度、企业与政府关系等变量。结果显示，企业过去的财务绩效表现、企业规模、广告强度和国有企业性质均对企业价值有正向作用。模型 3 中加入企业捐款变量，结果显示企业捐款对企业价值有积极影响。而且，企业捐款每增加 1 个百分点，企业价值提高 0.056 个百分点。模型 4～7 中逐一加入企业捐款和各调节变量的乘积，反映企业捐款和其他调节变量之间的交互作用。模型 7 中加入所有变量后，结果显示，广告强度、市场发展程度、企业过去的财务绩效和企业捐款的乘积均显著为正，而企业性质和企业捐款的乘积显著为负。显著为正的交互项说明广告强度、市场发展程度和企业过去的财务绩效能够正向调节 CSR 战略和企业价值的关联，也就是说给定企业捐款，广告强度、市场发展程度和企业过去的财务绩效都有助于扩大企业捐款对企业价值的影响。企业性质和企业捐款的乘积显著为负说明 CSR 战略对私营企业的企业价值的影响大于其对国有企业的企业价值的影响。

表 3-5 是用托宾 Q 值衡量企业价值。除交叉项以外，模型 1 的估计值和表 3-3 的模型 1 的估计值正负号一致，而且数值非常接近。和表 3-4 的结果不同的是，表 3-5 的模型 2～7 中的企业性质的参数估计值非常小且非常不显著，说明国有企业属性对企业价值不存在显著影响。但是，表 3-5 的模型 7 中的国有企业属性和企业捐款的交叉项的参数估计值显著为负，说明国有企业属性对 CSR 战略和企业价值关联存在负向的调节作用。其他参数估计值均与表 3-4 的结果一致。

根据上述结论，可以检验假设 1～3 是否成立。

假设 1 预测企业参与的 CSR 战略与企业价值之间存在正相关关系。

表 3-4 是用 ROA 表示企业价值，模型 3~7 的企业捐款的估计值均为正，且通过 10% 的显著性水平检验；表 3-5 用托宾 Q 值表示企业价值，模型 3~7 的参数估计值均为正，且通过 1% 的显著性水平检验。因此，Heckman 两阶段模型剔除了自选择效应后，企业捐款依然和企业价值之间存在显著的正向关系。由此推断出假设 1 是成立的。

假设 2a 和假设 2b 预测企业广告强度和市场发展程度对 CSR 战略与企业价值之间的关系有正向调节作用。表 3-4 和表 3-5 的模型 7 显示调节作用项的系数通过了 5% 的显著性水平检验，且系数符号为正，所以广告强度和市场发展程度对两者之间的关系存在正向调节作用。图 3-2(a)~(d)

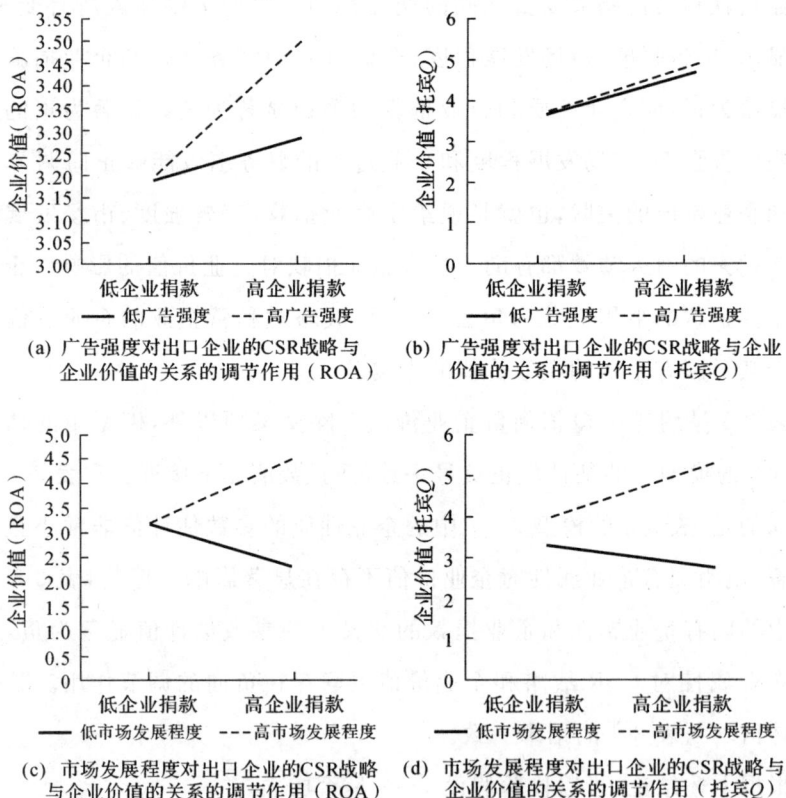

(a) 广告强度对出口企业的CSR战略与企业价值的关系的调节作用（ROA）

(b) 广告强度对出口企业的CSR战略与企业价值的关系的调节作用（托宾Q）

(c) 市场发展程度对出口企业的CSR战略与企业价值的关系的调节作用（ROA）

(d) 市场发展程度对出口企业的CSR战略与企业价值的关系的调节作用（托宾Q）

图 3-2　广告强度和市场发展程度的调节作用

均显示：当广告强度和市场发展程度均为高水平时，CSR 战略与企业价值存在正相关关系；当广告强度和市场发展程度均为低水平时，CSR 战略与企业价值存在负相关关系。因此，假设 2a 和 2b 同时成立。

假设 2c 预测企业过去的绩效表现对 CSR 战略与企业价值之间的关系有正向调节作用。表 3-4 和表 3-5 的模型 7 中关于过去的绩效表现及其交互作用的系数符号均为正，且都通过 1％ 的显著性水平检验。图 3-3（a）～（d）均显示：当企业过去的财务绩效水平较高时，CSR 战略与企业价值存在正相关关系；当这些变量的初始值在较低水平时，CSR 战略与企业价值存在负相关关系。因此，假设 2c 也成立。

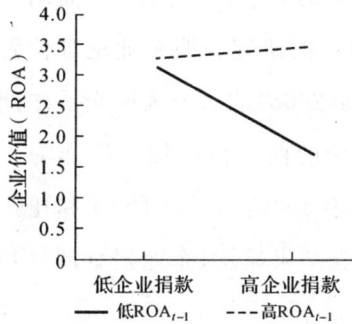

(a) 企业上期ROA对出口企业的CSR战略
与企业价值的关系的调节作用（ROA）

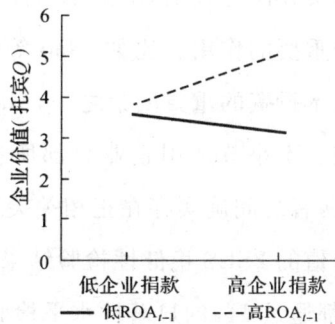

(b) 企业上期Q值对出口企业的CSR战略与
企业价值的关系的调节作用（托宾Q）

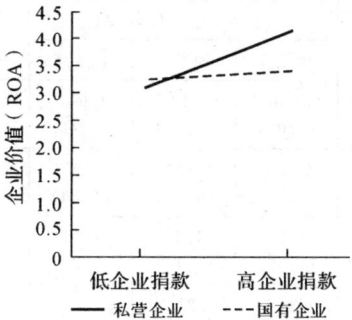

(c) 企业性质对出口企业CSR战略与企业
价值的关系的调节作用（ROA）

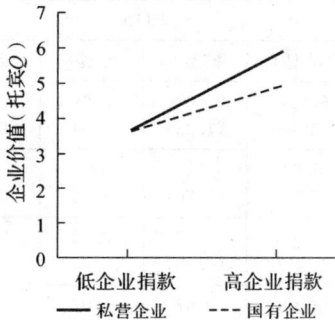

(d) 企业性质对出口企业的CSR战略与企业
价值的关系的调节作用（托宾Q）

图 3-3　企业过去财务绩效和企业性质的调节作用

假设 3 预测私营企业参与 CSR 战略给企业价值带来的影响比国有企业显著。模型 7 中该项变量的系数符号为负,且通过 5% 的显著性水平检验。从表 3-3(c) 和 (d) 可以看出,对于私营企业,CSR 战略与企业价值之间的关系更加显著,所以假设 3 成立。

3.2.4　稳健性检验

本小节采用两阶段最小二乘法(2SLS)对 CSR 战略和企业价值的关系进行稳健性检验。借鉴现有文献,我们选用企业所在地理位置作为工具变量。现有文献研究表明,由于相同性质企业的竞争,企业地理位置对企业效应有十分重要的作用。比如,Gao 等(2011)的研究表明企业地理位置是影响企业资本投资的重要因素之一,Manova(2008)的研究表明企业之间存在相连效应。本小节选用企业总部所在区域的前 3 位区域代码作为工具变量,结果两者之间确实存在正相关关系。表 3-6 给出了以 ROA 和托宾 Q 表示企业价值的 2SLS 稳健性检验结果,检验结果显示,企业捐款的变量系数为正,且都通过 1% 的显著性水平检验。

表 3-6　两阶段最小二乘法稳健性检验结果

变量	ROA				托宾 Q			
	模型 1	模型 2	模型 3	模型 4	模型 1	模型 2	模型 3	模型 4
截距项	0.669* (1.76)	0.60** (1.82)	0.60** (2.04)	0.58** (2.08)	11.95*** (5.06)	11.42*** (5.50)	11.61*** (6.71)	11.79*** (7.44)
ROA_{t-1}	0.024 (0.10)	0.09*** (5.70)	0.09*** (6.08)	0.09*** (6.06)	0.12*** (4.47)	0.12*** (4.26)	0.12*** (4.86)	0.12*** (4.97)
企业年龄	0.031 (0.10)	0.02 (0.08)	0.02 (0.10)	0.01 (0.05)	1.84 (1.09)	1.91 (1.14)	1.71 (1.30)	1.64 (1.33)
企业规模	0.08 (0.49)	0.07 (0.47)	0.07 (0.56)	0.08 (0.62)	0.21*** (2.82)	0.21*** (2.73)	0.20*** (3.35)	0.20*** (3.49)
资产负债率	−0.30*** (−23.88)	−0.30*** (−24.57)	−0.30*** (−24.90)	−0.30*** (−25.00)	−0.91*** (−13.62)	−0.92*** (13.96)	−0.92*** (−14.93)	−0.92*** (−15.22)

续表

变量	ROA				托宾 Q			
	模型 1	模型 2	模型 3	模型 4	模型 1	模型 2	模型 3	模型 4
企业捐款	0.14*** (10.86)	0.14*** (10.86)	0.14*** (10.86)	0.14*** (10.86)	0.16*** (11.83)	0.16*** (10.86)	0.16*** (10.86)	0.16*** (10.86)
广告强度		0.02* (1.92)	0.01* (1.89)	0.02* (1.92)		0.01*** (3.88)	0.01* (1.89)	0.01* (1.79)
市场发展			0.01*** (7.98)	0.01*** (8.04)			0.02*** (8.88)	0.02*** (8.58)
企业性质				0.06** (2.13)				0.04*** (8.54)
Wald χ^2	830.01***	834.13***	833.72***	837.46***	552.94***	549.00***	609.79***	631.72***

注:所有解释变量值都滞后一年,***,**,* 分别表示 1%、5% 和 10% 的显著性水平,括号内显示 t 值。

3.3　本章小结

本章将 CSR 战略对出口企业的影响渠道归纳为声誉效应和成本效应,分别展示 CSR 战略对出口企业的需求曲线和供给曲线的影响。本章针对声誉效应进行理论分析和实证分析。声誉效应是指 CSR 战略对企业社会声誉和企业形象提升的影响,并且在此影响下,消费者偏好程度提高会导致对企业产品需求的增加。第 3.1 节含有声誉效应的理论模型中,通过对消费者、企业、竞争企业的互动建模后,我们发现在社会平均水平比较低的市场中,CSR 战略对于国内企业或者国外企业来说都是占领市场份额的重要手段。第 3.2 节以广告强度和市场发展程度等一系列与声誉效应传导有关的、可量化分析的变量作为调节变量。这是因为声誉效应必须通过企业市场营销或广告等宣传,最终体现为需求增长和利润增加。我们使用 Heckman 两阶段模型检验调节变量通过 CSR 战略对出口企业利润的影响,如果这些调节变量的作用是显著的，就说明声誉效应是存在的。

本章研究的现实意义与政策含义如下：

第一，优势企业应该根据成本竞争优势的大小以及市场价格竞争的激烈程度决定是否要采取 CSR 战略，投资水平由消费者对 CSR 产品的评价内生决定。劣势企业在市场条件得到满足的条件下，无论竞争对手是否采取 CSR 战略都应该主动采取 CSR 战略。这里需要满足的条件有：企业间产品的差异化程度足够大，或者这种 CSR 项目的投资是消费者偏好的；企业投资的 CSR 项目必须是需要成本投入的公共物品供给；成本劣势显著，且不可能通过成本竞争的方式进行市场价格竞争。

第二，企业启动社会责任投资会增加社会福利，因而政府应引导和鼓励企业增大 CSR 项目投资的力度。消费者对 CSR 项目投资的评价是社会福利增加和企业实现利润增长的重要环节，因而政府应提高公众的社会公民意识以及对 CSR 产品的认知水平，倡导企业与消费者之间的互动交流，提高价格效应和数量效应的传播速度，以保证更高水平的社会福利的实现。

第三，战略性的企业社会责任投资都是值得鼓励的，信息透明可以增加 CSR 投资对主营业务收入的正向效用，减少信息传播可能产生的滞后性。

第四，在制定致力于降低成本的 CSR 战略时，必须考虑在企业声誉效应的帮助下产生的需求扩张是否能够弥补战略实施的成本。对于企业而言，只要企业的形象是正面的，即使企业的社会贡献并非面向消费者，也应该通过合适的途径将这种 CSR 特征传达给消费者，以实现生产成本降低和需求增长的交互作用。

第 3.2 节以六百余家上市出口企业为样本，使用 Heckman 两阶段模型，检验 CSR 战略对企业利润的作用，目的是对出口企业的声誉效应的存在性进行检验。我们通过引入与声誉效应传导紧密关联的广告强度、市场发展程度和企业性质等调节变量，来观测声誉效应的存在性。如果声誉效应是存在的，则广告强度和市场发展程度会表现出正向的调节作用。研究发现：①CSR 战略与出口企业价值之间存在正相关关系；②CSR 战略与出口企业价值之间的关系受到广告强度和市场发展程度的影响，以上两个变量均表现出显著的正向调节作用，即能够扩大 CSR 战略对出口企业价值的作用；③企业性质在以 ROA 为变量的企业价值中表现出显著的负向调节作用，即私营企业更能够从 CSR 战略中实现企业价值提高。以上结论均证实了声誉效应在出口企业中是存在的。

第 4 章

社会责任战略对出口企业的影响:成本效应

社会责任战略对出口企业的影响不仅体现在需求层面,还对企业的生产率具有提高作用,对企业的融资成本具有降低作用。这些影响都可以反映为生产成本的降低,会影响企业的边际生产成本和供给曲线。因此,第 4.1 节以 CSR 战略的成本效应为研究重点,分析了由生产成本变化引致的出口阈值、预期产出值(包含国内产出、出口产出)和 CSR 投资额的变化。

4.1　成本效应:基于出口门槛和预期出口值的分析

第 3.1 节假设生产成本不发生变化,单从声誉效应引致的需求变动方面讨论对 CSR 战略选择、利润分配和市场竞争的影响。反向地,本节给定 CSR 战略对需求层面的影响,单从 CSR 战略对生产率的提高(模型中表现为生产成本的降低)方面重点讨论 CSR 战略对出口门槛和预期出口值的影响。本节的模型假设 CSR 战略的成本效应是存在不确定性的,即生产率的提升服从一定的分布。通过两国销售国际贸易模型的构建,引入投资结果的不确定性后,我们发现这提高了出口门槛。也就是说,生产率相对比较高的企业会选择出口,而仅有生产率最高的那部分企业才会同时选择出口和 CSR 投资。最后,我们检验了贸易自由化程度的增加对企业的数量、国内销售量、出口量和社会责任投入的影响。

4.1.1 成本效应的传导途径

我们在声誉效应的传导途径中提到一点:长期的有组织性的 CSR 战略往往在消费者中间的接受程度更高,一般是指对企业生产或经营产生全局性影响的 CSR 活动,比如实施绿色环保的供应链管理,引进节能高效的生产技术,在经营和销售环节采取相应措施降低能耗等。类似于这样的 CSR 活动,首先起到了降低生产成本的作用,然后通过企业的宣传,对消费者需求产生影响。也就是说,成本效应可以通过降低生产成本直接作用于企业利润,也可以在广告宣传后经由声誉效应间接作用于企业利润。那么,CSR 活动究竟可以降低企业哪些方面的成本呢?

致力于生产流程改进的 CSR 战略能够直接降低生产成本。比如,在百洁布的生产过程中,从最初使用溶剂型的黏合剂转变到使用水基型的黏合剂,在避免了挥发性有机物质的排放的同时,还降低了废气处理所必须支付的治理成本和相应的固定资产投资。类似的案例还有很多,比如日立集团通过有效地对本国工厂和外国工厂的节能管理,大大地降低了二氧化碳的排放量及其相应的排放成本。

CSR 战略通过雇员的认同感和满意度来提高生产率。一方面,通过在企业员工之间进行以 CSR 战略为指导的企业文化培训,并且通过内部的 CSR 活动使得员工真切地体会到企业的人性化和关爱社会的氛围,最终实现更低的内部沟通成本,以较低的成本引导员工付出更多的努力或实现更高的生产率(Porter 和 Kramer,2002)。另一方面,通过鼓励员工参与到 CSR 活动中,提高员工对于社会责任的认识和由自身的社会贡献所产生的自豪感。比如,国际商业机器公司(IBM)会鼓励员工积极成为志愿者或参与所在社区的公益活动,阿里巴巴和华为等企业也都有类似的企业文化和管理政策,实践证明,这些企业的员工对企业的认同感和工作的满意度确实提高了。

CSR 战略还可以通过降低企业风险对融资成本产生影响。这部分的传导途径比较多样,具体为:银行借贷利息(Goss 和 Roberts,2011)、低成本的银行借款的可获得性(Goss 和 Roberts,2011;Cheng 等,2014)、借款者要求的利息率和投资者要求的股息率(Statman 和 Vorkink,2006)。Goss 和 Roberts(2011)发现银行对低质量的借款者的 CSR 战略是不看好的。Cheng 等(2014)发现 CSR 战略能够显著缓解企业面临的资金约束,或 CSR 战略企业更容易获得需要的资金。学者们发现针对雇员关系、环境保护和产品质量的 CSR 战略能够大幅度地降低企业的资金成本。在中国市场上,股息率在长期中表现为避险效应,即更好的社会责任和更低的股息率;而在短期内可能表现为预期误差效应,即更高的股息率(马虹和李杰,2015)。CSR 战略对融资成本的影响主要有以下两个反方向的作用:一方面,CSR 战略能够积累声誉资本,降低企业在产品市场的风险,借款人或投资人出于规避风险的考量,更愿意把钱以较低的利息投给低风险企业;另一方面,CSR 战略的实施效果未必能够实现社会福利和企业利润的双赢,有时甚至会出现资源浪费和代理人问题,因此,借款人或投资人出于对 CSR 战略执行效果和还款能力的怀疑而提高利息率。这是因为:第一,异质性企业模型说明只有生产率达到出口门槛的企业才能进入国际市场,因此 CSR 战略对生产成本和生产率的作用都会影响企业的出口决策。第二,企业进行出口需要支付高昂的进入成本,也需要为出口产品预付相应的成本费用,因此,CSR 战略对融资成本的降低作用也会对出口企业产生很重要的影响。

4.1.2　成本效应的基本模型

Melitz(2003)建立于两国相互倾销贸易模型(Brander 和 Krugman, 1983)之上,引入企业生产率的异质性假设。企业生产率的异质性一部分源于自身技术差异,另一部分源于企业的社会责任的履行可能导致的生产率提高(或融资成本降低)。企业根据观测到的生产成本和预期的未来生产成本做国际市场进入和 CSR 投资的决策,以及制定国内市场的销售策略。这里假设 CSR 投资仅改变了企业的成本分布函数。企业通过 CSR 投资有可能提高生产率,而高生产率的企业更倾向于出口;企业观测到 CSR 投资能够引致出口增加或者需求增长时,就会加大 CSR 投资。

在基本模型中,我们首先考虑一个市场分割、相互倾销的两国贸易简单模型,国内市场和国外市场分别用 $j=h$ 和 f 表示。假定所有厂商生产的产品是同质的,且在两国市场进行古诺竞争。市场 j 的反向需求函数可以表示为 $p_j=A-Q_j$,其中:$j=h,f$;p_j 表示市场 j 的商品价格;Q_j 表示商品总量(这种形式的反向需求函数是由二次准线性的消费者偏好函数确定的)。

厂商的生产效率是异质的,即所有企业面临相同的固定生产投资成本 F 和异质的边际生产成本 c_i。c_i 表示厂商 i 在不考虑社会责任投资时的边际生产成本,已知 c_i 在 $[0,\bar{c}]$ 取值区间内服从累积概率分布 $F(c_i)$。$F(c_i)$ 表示企业的边际生产成本小于或等于 c_i 的概率,已知 $F(0)=0$ 和 $F(\bar{c})=1$。厂商生产的所有产品,一部分在国内市场销售(用 y_i 表示),另一部分在国外市场销售(用 x_i 表示),出口销售部分还有单位贸易成本(用 t 表示)。

除了企业的目标函数,承担社会责任还会对企业的生产成本产生影响。根据 Stuebs 和 Sun(2010)、Sánchez 等(2015)的研究发现,社会责任投资可增加雇员对企业的满意度并提高生产效率,这里表现为降低边际生产成本。由于边际成本的降低具有不确定性,企业最终实现的边际成本由 c_i 和 β_i 共同决定,并且服从累积概率分布 $G(c_i,\beta_i)$。$G(c_i,\beta_i)$ 表示企业在社会责任承

担水平为 β_i 时,最终实现的边际生产成本小于或等于 c_i 的概率。对于所有的 $\beta_i \geqslant 0$,有 $G(0,\beta_i)=0$ 和 $G(\bar{c},\beta_i)=1$。

我们假设:①社会责任承担得越多的企业有越大的可能实现较低的边际生产成本,即对于所有的 $\beta_i \geqslant 0$ 和 $c_i \in [0,\bar{c}]$,都有 $\dfrac{\partial G(c_i,\beta_i)}{\partial \beta_i} \geqslant 0$;②承担社会责任能够降低企业最终可实现的边际生产成本的最大值,即当 $\beta_i > 0$ 时,总是存在一个 $\varepsilon(\beta_i) > 0$ 使得对于所有的 $c_i \in [\bar{c}-\varepsilon(\beta_i),\bar{c}]$ 都有 $G(c_i,\beta_i)=1$;③企业各自的 c_i 和 β_i 均为私有信息,单一企业所选择的社会责任承担水平不会影响其他竞争企业的产出决策。当然,自愿承担的社会责任水平不同会产生沉没成本或社会责任投资成本 $\gamma(\beta_i)$,已知 $\gamma(0)=0$,$\gamma' > 0$ 和 $\gamma'' > 0$。因此,对于任意的 $j=h,f$,企业的生产决策所依据的目标函数和消费者剩余函数可分别表示为

$$\Pi_i = (A - Q_{-i} - y_i - c_i)y_i(c_i) + (A - Q_{-i}^* - x_i - c_i - t)x_i(c_i) - F - \gamma(\beta_i) \tag{4.1}$$

$$CS_j = Q_j^2/2 = (Q_{-i} + y_i)^2/2 \tag{4.2}$$

式中:Q_{-i} 和 Q_{-i}^* 分别表示厂商 i 在国内市场和国外市场上所有其他竞争者的销售总量,y_i 和 x_i 分别表示厂商 i 在国内市场和国外市场的销售量,t 表示单位贸易成本。

企业制定生产决策和社会责任投资决策的顺序是:首先确定生产数量,再决定社会责任投资。我们使用逆向推导法求解一般均衡解。

4.1.3 出口门槛、预期产出和预期利润

首先,我们使用倒推法计算企业分别在国内市场和国外市场的销售量,结合方程(4.1)和(4.2),将企业目标函数对产出 y_i 求导后得到一阶条件,即

$$\begin{cases} A - Q_{-i} - 2y_i(c_i) - c_i < 0, & y_i(c_i) = 0 \\ A - Q_{-i} - 2y_i(c_i) - c_i = 0, & y_i(c_i) > 0 \end{cases} \tag{4.3}$$

根据式(4.3)可知,企业在国内市场销售的边际生产成本的最大值为 $\bar{c}_{y_i} = A - Q_{-i}$。若企业可实现的生产成本大于 $\bar{c}_{y_i}$,则不生产;若企业可实现的生产成本小于 $\bar{c}_{y_i}$,则国内销售为 $y_i(c_i) = (\bar{c}_{y_i} - c_i)/(2 - \beta_i)$。表达式为

$$y_i(c_i) = \begin{cases} 0, & c_i \geqslant \bar{c}_{y_i} \\ \dfrac{1}{2}(\bar{c}_{y_i} - c_i), & c_i < \bar{c}_{y_i} \end{cases} \tag{4.4}$$

因此,企业由国内市场销售可获得的利润为

$$\Pi_i(c_i) = \begin{cases} 0, & c_i \geqslant \bar{c}_{y_i} \\ \dfrac{1}{4}(\bar{c}_{y_i} - c_i)^2, & c_i < \bar{c}_{y_i} \end{cases} \tag{4.5}$$

同理,由方程(4.1)可得企业在国外市场的销售量 x_i 的一阶条件,即

$$\begin{cases} A - Q_{-i}^* - 2x_i(c_i) - c_i - t < 0, & x_i(c_i) = 0 \\ A - Q_{-i}^* - 2x_i(c_i) - c_i - t = 0, & x_i(c_i) > 0 \end{cases} \tag{4.6}$$

此时,企业在出口销售的边际生产成本的最大值为 $\bar{c}_{x_i} = A - Q_{-i}^* - t$。若企业可实现的生产成本大于 $\bar{c}_{x_i}$,则不出口;若企业可实现的生产成本小于 $\bar{c}_{x_i}$,则出口量为 $x_i = (\bar{c}_{x_i} - c_i)/2$。表达式为

$$x_i(c_i) = \begin{cases} 0, & c_i \geqslant \bar{c}_{x_i} \\ \dfrac{1}{2}(\bar{c}_{x_i} - c_i), & c_i < \bar{c}_{x_i} \end{cases} \tag{4.7}$$

因此,企业由国外市场销售可获得的利润为

$$\Pi_i^*(c_i) = \begin{cases} 0, & c_i \geqslant \bar{c}_{y_i} \\ \dfrac{1}{4}(\bar{c}_{x_i} - c_i)^2, & c_i < \bar{c}_{y_i} \end{cases} \tag{4.8}$$

将方程(4.5)和(4.8)代入目标函数,则厂商 i 的利润函数表示为

$$\Pi_i(\beta_i) = \frac{1}{4}\left[\int_0^{\bar{c}_{y_i}} (\bar{c}_{y_i} - c_i)^2 \, \mathrm{d}G(c_i, \beta_i) + \int_0^{\bar{c}_{x_i}} (\bar{c}_{x_i} - c_i)^2 \, \mathrm{d}G(c_i, \beta_i)\right] - $$
$$[F + \gamma(\beta_i)] \tag{4.9}$$

为了便于理解经济意义,我们选择一个满足上述假设的 $G(c_i, \beta_i)$ 作为参考,即

$$G(c_i, \beta_i) = \min\{g(\beta_i)F(c_i), 1\}, g(0) = 1, g' > 0, g'' < 0$$

$$(4.10)$$

这里的 $F(c_i) = c_i$ 是连续且均匀分布的函数,而 $g(\beta_i) = \beta_i + 1$。我们可以用图 4-1 解释方程(4.10)的经济意义。若 $\beta_i = 1$,则企业 i 履行社会责任的程度非常大,足以保证自己不会得到最高的边际成本,如 $c_i \in [0.5, 1]$;与此同时,相较缺乏社会责任投入的企业,该企业的预期边际成本由 0.5 下降为 0.25。

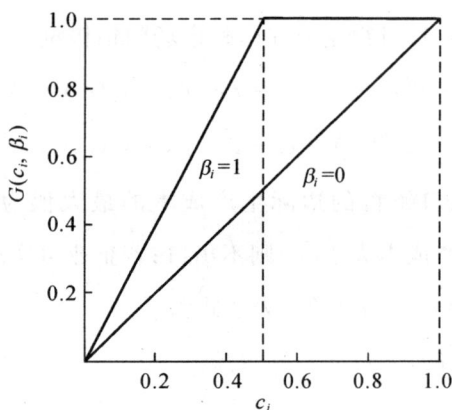

图 4-1　社会责任对成本分布函数的作用

将厂商 i 的利润函数(4.9)对 β_i 进行求导,得

$$\frac{\partial \Pi_i(\beta_i)}{\partial \beta_i} = \frac{g'(\beta_i)}{4}\left[\int_0^{\bar{c}_{y_i}} (\bar{c}_{y_i} - c_i)^2 dG(c_i, \beta_i) + \right.$$

$$\left. \int_0^{\bar{c}_{x_i}} (\bar{c}_{x_i} - c_i)^2 dG(c_i, \beta_i)\right] - \gamma'(\beta_i) = 0 \qquad (4.11)$$

若所有企业是同质的,则在均衡中,所有企业都会选择同一水平的社会责任投入,用 $\bar{\beta}$ 表示。方程(4.11)可以改写为 $g'(\bar{\beta})\left[\int_0^{\bar{c}_{y_i}} (\bar{c}_{y_i} - c_i)^2 dG(c_i, \beta_i) + \right.$

$\int_0^{\bar{c}_{x_i}} (\bar{c}_{x_i} - c_i)^2 dG(c_i, \beta_i)] = 4\gamma'(\bar{\beta})$ [1]。国内所有企业的社会责任投入和期望产出均一致。进一步分析,当两个国家完全相同时,国内和国外的所有企业都将具有同样的社会责任投入水平和期望产出。假设国内企业 i 在国内市场销售 $\bar{y}$ 单位的商品,在国外市场销售 $\bar{x}$ 单位的商品。该企业在国内市场上面对 $n-1$ 家同质的国内生产企业和 n 家同质的国外出口企业,所有竞争企业在国外市场的产量可以表示为 $\bar{Q}_{-i} = (n-1)\bar{y} + n\bar{x}$;同样的,该企业在国外市场上面对 $n-1$ 家同质的国内出口企业和 n 家同质的国外生产企业,所有竞争企业在国外市场的产量可以表示为 $\bar{Q}_{-i}^* = n\bar{y} + (n-1)\bar{x}$。我们可以将国内市场销售的边际生产成本的最大值 $\bar{c}_{y_i} = A - \bar{Q}_{-i}$ 和企业在出口销售的边际生产成本的最大值 $\bar{c}_{x_i} = A - \bar{Q}_{-i}^* - t$ 分别改写为 $\bar{c}_y = A - (n-1)\bar{y} - n\bar{x}$ 和 $\bar{c}_x = A - (n-1)\bar{x} - n\bar{y} - t$。

引理 1:国内市场和国外市场的预期销售总量分别为 $\bar{y} = \frac{g(\bar{\beta})}{2} \int_0^{\bar{c}_y} F(c) dc$ 和 $\bar{x} = \frac{g(\bar{\beta})}{2} \int_0^{\bar{c}_x} F(c) dc$。

证明:$E[y(c)] = \bar{y} = g(\bar{\beta}) \int_0^{\bar{c}_y} F(c) dF(c) = \frac{g(\bar{\beta})}{2} \int_0^{\bar{c}_y} (\bar{c}_y - c) dF(c)$ 表示国内市场的预期总产量,$E[x(c)] = \bar{x} = g(\bar{\beta}) \int_0^{\bar{c}_x} F(c) dF(c) = \frac{g(\bar{\beta})}{2} \int_0^{\bar{c}_x} (\bar{c}_x - c) dF(c)$ 表示国外市场的预期总产量。

假设 $\phi(c) = \bar{c}_y - c$,则 $\int_0^{\bar{c}_y} \phi(c) dF(c) = \int_0^{\bar{c}_y} \phi(c) F'(c) dc = [\phi(\bar{c}_y) F(\bar{c}_y) - \phi(0) F(0)] - \int_0^{\bar{c}_y} \phi'(c) F(c) dc$。代入 $\phi'(c) = -1$ 和 $\phi(\bar{c}_y) = F(0) = 0$,可得 $\int_0^{\bar{c}_y} \phi(c) dF(c) = \int_0^{\bar{c}_y} F(c) dc$。同理,$\int_0^{\bar{c}_x} [\bar{c}_x - c] dF(c) = \int_0^{\bar{c}_x} F(c) dc$。

---

[1] 假设 $\int_0^{\bar{c}_{y_i}} (\bar{c}_{y_i} - c_i)^2 dG(c_i, \beta_i) + \int_0^{\bar{c}_{x_i}} (\bar{c}_{x_i} - c_i)^2 dG(c_i, \beta_i) > 4\gamma'(0)$,以保证社会责任投入 $\tilde{\beta} > 0$。

将引理 1 中的预期总产量代回企业的利润函数,则预期的企业利润可表示为

$$\bar{\Pi} = \frac{g(\tilde{\beta})}{4} \Big\{ \int_0^{\tilde{c}_{y_i}} \big[A - (n-1)\tilde{y} - n\tilde{x} - c \big]^2 dF(c) +$$

$$\int_0^{\tilde{c}_{x_i}} \big[A - (n-1)\tilde{x} - n\tilde{y} - t - c_i \big]^2 dF(c) \Big\} - \big[F + \rho(\tilde{\beta}) \big]$$

(4.12)

4.1.4 贸易自由化冲击的影响

本小节主要分析贸易自由化对基本模型均衡以及企业和行业生产率的影响。贸易自由化程度由贸易成本 t 的边际变化来体现。这里,企业的生产率定义为企业边际生产成本的倒数,行业的生产率定义为所有生产企业的边际生产成本的期望[①]的倒数(Meliz,2003)。

(1)企业的生产率是同质的

若企业是同质的,那么在市场上的所有企业将承担相同的社会责任、期望产量和期望利润;同样的,对于潜在进入企业而言,如果它们选择与在位企业相同的社会责任承担水平 $\beta_i = \beta$,则潜在企业和在位企业将均分产量和利润。因此,企业间不存在私有信息。也就是说,在位企业和潜在企业在做进入和退出市场决策时,会同时决定社会责任投入水平。在本小节的分析中,社会责任的投入必然会导致边际生产成本下降,而且对每一家企业的影响程度都是一样的。

如果企业的边际生产成本受到社会责任投入的影响,我们用社会责任投入的函数 $c(\beta)$ 表示边际生产成本,且 $c'(\beta) < 0$,则 $[A - Q - c(\beta)]y + [A - Q^* - c(\beta) - t]x - \gamma(\beta)$ 是国内企业从国内市场和国外市场中获得的总利润。

----

① 生产企业的边际生产成本的期望,由 $E(c \mid c \leqslant \bar{c}_y) = \int_0^{\bar{c}_y} c\, dG[G(\bar{c}_y)]$ 表示。

接着，利润函数分别对国内产量 y、出口产量 x 和社会责任投入 β 求导，得到一阶条件

$$A - Q_{-i} - 2y - c = 0 \qquad\qquad (4.13)$$

$$A - Q^*_{-i} - 2x - c - t = 0 \qquad\qquad (4.14)$$

$$-c'(x + y) - \gamma' = 0 \qquad\qquad (4.15)$$

由于企业是可以自由进入和离开的，意味着企业利润在均衡中将是 0，可得

$$(A - Q - c)y + (A - Q^* - c - t)x - F - \gamma = 0 \qquad (4.16)$$

若企业是同质的，贸易自由化程度的增加会影响企业的数量、国内销售量、出口量、社会责任投入，具体表现为：

定理 1：若企业是同质的，则贸易自由化进程会导致：企业的出口量增加，在国内市场的产量减少；企业在国内市场和国外市场的总销售量将会增加；提高企业的社会责任投入和社会总投入；如果市场允许自由进入，则市场上的企业数量将会增加。

贸易自由化后，一方面，在国内市场中，国内企业面临激烈的源于国外企业进入市场的进口竞争，进而国内企业只能减少国内产量；另一方面，国内企业允许进入国际市场后拥有更多的出口机会。两个方面的作用相互抵消后，从边际效应 $\dfrac{\mathrm{d}(y+x)}{\mathrm{d}t} > 0$，可得出口量的增加将超过国内产量的减少，因此国内企业的总产量是增加的。

企业产量的增加提高了社会责任投入对边际生产成本降低作用的边际效用，即由社会责任战略带来的边际生产成本降低作用的总收益随着产量的增加而增加。此时，增加的产量和社会责任战略共同作用，意味着更高的企业利润。因此，企业更有动力实施社会责任战略。短期内的利润增加会吸引更多数量的企业进入市场，直至利润逐渐降到 0 的时候达到均衡。

（2）企业的生产率是异质的

如果企业是异质的，则社会责任投入对企业生产率的影响也将是各异的。社会责任投入的作用与基本模型中的假设一致，即社会责任投入的增加提高了企业获得更低的边际生产成本的概率，并且帮助企业降低了可实现边际生产成本的上限。关于异质企业的研究，根据市场进入划分，分别就固定市场结构和内生市场结构这两种情况进行讨论。

情况一：固定市场结构

若国内市场和国外市场均不允许企业自由进出，企业的国内产量 $\bar{y}$、出口量 $\bar{x}$ 和社会责任投入 $\bar{\beta}$ 的一般均衡可由第 3.2.2 小节中的等式 $\bar{c}_y = A - (n-1)\bar{y} - n\bar{x}$，$\bar{c}_x = A - (n-1)\bar{x} - n\bar{y} - t$，$\bar{y} = \dfrac{g(\bar{\beta})}{2}\displaystyle\int_0^{\bar{c}_y} F(c)\mathrm{d}c$，$\bar{x} = \dfrac{g(\bar{\beta})}{2}\displaystyle\int_0^{\bar{c}_x} F(c)\mathrm{d}c$ 和方程 (4.11) 得到。为观察贸易自由化的影响，我们将国内产量 $\bar{y}$、出口量 $\bar{x}$ 和社会责任投入 $\bar{\beta}$ 分别对贸易成本 t 求导并做静态比较分析。将以上 5 个方程联立，并分别对税率求全微分后，可得：

定理 2：若企业是异质的且市场是非自由进入的，则贸易自由化程度的增加可能导致：①企业出口预期增加。②当贸易成本非常高时，减少国内预期产出，企业预期总产出增加；当贸易成本非常低时，国内销售预期不明确，但是企业预期总产出增加。③当贸易成本比较低时，企业增加社会责任投入；当贸易成本比较高时，企业减少社会责任投入。

定理 2 的经济解释是通过贸易自由化程度的提高对边际成本临界值 $c_{\bar{y}}$ 和 $c_{\bar{x}}$ 的影响来实现的。其中，国内生产门槛 $c_{\bar{y}}$ 随着贸易成本的增加而提高，反之亦然，即 $\dfrac{\mathrm{d}c_{\bar{y}}}{\mathrm{d}t} > 0$；出口门槛 $c_{\bar{x}}$ 随着贸易成本的增加而降低，反之亦然，即 $\dfrac{\mathrm{d}c_{\bar{x}}}{\mathrm{d}t} < 0$。

当贸易成本 $t = 0$ 时，国内销售和出口的边际成本临界值是一样的（$\bar{c} = c_{\bar{y}} = c_{\bar{x}}$）；只有边际生产成本低于该临界值 $\bar{c}$ 的企业能够在国内市场和国外市场上生产和销售。当贸易成本 $t>0$ 时,出口企业的边际成本临界值更低($c_{\bar{y}}$ $>c_{\bar{x}}$);非常有生产效率的企业($c<c_{\bar{x}}$)可以同时在国内销售和出口;生产效率一般($c_{\bar{y}}<c<c_{\bar{x}}$)的企业仅在国内销售;生产效率低的企业($c>c_{\bar{y}}$)不生产。

因此,国内生产阈值 $c_{\bar{y}}$ 的降低将一部分生产效率较低的企业赶出市场,它们既不能出口,又不能在国内市场销售;而出口阈值 $c_{\bar{x}}$ 的提高允许一部分生产效率一般的企业开始出口,这些企业能在国内市场和国外市场同时销售。

①贸易自由化和预期产出

给定企业社会责任投入,贸易自由化程度对企业预期销售量的影响随着贸易成本的变化而变化:当贸易成本非常高时,出口预期增加,国内销售预期减少,预期总产出增加;当贸易成本比较低时,出口预期增加,国内销售预期的变化不明确,预期总产出增加。

给定企业社会责任投入,不论贸易成本的高低程度,贸易自由化一定会增加企业预期总产出。贸易自由化会提高成本阈值 $c_{\bar{x}}$,增加可出口企业的数量,贸易成本的降低会增加在位企业的出口总量,因此预期出口量将会增加。在一般情况下,贸易自由化还会提高国内生产阈值 $c_{\bar{y}}$,更多的企业进入国内市场,而且进口竞争会进一步加剧国内市场的竞争程度,因此国内销售量预期将会减少。出口预期的增加大于国内销售预期的减少,因此预期总产出增加。

但是也有例外的情况,贸易自由化也有可能增加国内销售预期,主要取决于贸易成本和社会责任投入的变化。比如,当贸易成本本身非常低的时候,社会责任战略的成本效应非常大,能够极大程度地降低企业的成本分布。此时,国内销售预期不减反增。

②贸易自由化和社会责任投资

再看贸易成本的降低对社会责任投资的影响:仅在国内销售的企业将

会降低社会责任投入,而出口企业将会增加投入。

这是因为,贸易自由化后的进口竞争导致国内销售企业减产,进而降低了由社会责任投资产生的边际收益;而对于产量增加的出口商而言,社会责任投资的边际收益是增加的。该解释同时适用于异质企业和同质企业。

对于出口企业而言,贸易自由化会导致企业增加社会责任投入。出口量的增加使得出口企业更有动力进行社会责任投资,这是因为社会责任投资降低能够使得边际生产成本的边际收益增加,即使这种成本降低的作用是存在不确定性的。若在时期 $t=1$,社会责任投资最终实现的边际成本效果非常好,则国内销售期望有可能会上升。

对于国内销售企业而言,贸易自由化会导致企业降低社会责任投入。这是因为,在此情景下,初期 $t=0$,企业的出口期望值 $\bar{x}$ 非常小。只有生产成本低于出口成本阈值 $c_{\bar{x}}$ 的企业可以出口,因此出口成本阈值的降低使得成为出口商的难度增加,国内出口成本阈值的提高使得国内生产企业增加。出口企业转为国内销售企业和进口竞争的加剧,使得原本的非出口企业将面对更激烈的国内市场竞争。由社会责任战略带来的成本降低的边际收益不足以弥补其成本,国内销售企业会降低社会责任投入,即贸易自由化所带来的进口竞争风险将远大于它们能够从国际市场拓展中获得的利润,因此,它们不愿意增加社会责任投资。

情况二:内生市场结构

若市场可自由进入,均衡中的企业利润应该为 0,方程(4.12)恒等于 0 $(\bar{\Pi} \equiv 0)$,得

$$\int_0^{\bar{c}_{y_i}} [A - (n-1)\bar{y} - n\bar{x} - c_i]^2 \mathrm{d}F(c) + \int_0^{\bar{c}_{x_i}} [A - (n-1)\bar{x} - n\bar{y} -$$

$$t - c_i]^2 \mathrm{d}F(c) = \frac{4[F + \gamma(\bar{\beta})]}{g(\beta)} \tag{4.17}$$

方程(4.17)表明社会责任投入 β 是关于 t 和 n 的函数,用 $\beta(t,n)$ 表示。利用方程(4.17)将一阶条件方程(4.11)改写为

$$\frac{g'[\beta(t,n)]}{g[\beta(t,n)]} = \frac{\gamma'[\beta(t,n)]}{\gamma[\beta(t,n)] + F} \tag{4.18}$$

假设有且仅有一个为正的均衡解,则引理 2 成立。

引理 2: 若企业是异质的,且市场是自由进入和退出的,则企业社会责任投入和贸易成本是独立的。

在自由市场的均衡中,贸易自由化程度提高(或贸易成本降低)必然会导致企业数量增加,两个作用相互抵消以保证社会责任投入不变,反之亦然。引理 2 说明,在这种情况下,企业数量是影响社会责任投入选择的唯一因素。根据引理 2,企业的社会责任投入可视为固定在 $\bar{\beta}$。

$$2\bar{y} - g(\bar{\beta})\int_0^{A-(n-1)\bar{y}-n\bar{x}} F(c)\mathrm{d}c = 0 \tag{4.19}$$

$$2\bar{x} - g(\bar{\beta})\int_0^{A-(n-1)\bar{x}-n\bar{y}-t} F(c)\mathrm{d}c = 0 \tag{4.20}$$

$$\int_0^{\bar{c}_{y_i}} [A-(n-1)\bar{y}-n\bar{x}-c_i]^2 \mathrm{d}F(c) +$$

$$\int_0^{\bar{c}_{x_i}} [A-(n-1)\bar{x}-n\bar{y}-t-c_i]^2 \mathrm{d}F(c) - 4[F+\gamma(\bar{\beta})] = 0$$

$$\tag{4.21}$$

为了静态比较分析贸易自由化程度变化对国内和国外销售量、企业数量和生产率的影响,将方程(4.19)~(4.21)联立后求导,可得:

定理 3: 若企业是异质的且市场结构是内生的,则贸易自由化能够:①提高每家企业的出口预期,降低国内销售预期。②当贸易成本比较高时,增加每家企业的期望总产出。③当贸易成本比较高时,企业数量和社会责任投资总量减少;当贸易成本比较低时,企业数量和社会责任投资总量增加。④提高行业生产率。

贸易自由化对门槛的作用和情况一是一样的,国内生产门槛 $c_{\bar{y}}$ 随着贸易成本的增加而提高,反之亦然,即 $\dfrac{\mathrm{d}c_{\bar{y}}}{\mathrm{d}t} > 0$;出口门槛 $c_{\bar{x}}$ 随着贸易成本的增加而降低,反之亦然,即 $\dfrac{\mathrm{d}c_{\bar{x}}}{\mathrm{d}t} < 0$。因此,贸易自由化对出口预期和国内销售预期的传导机制也是一样的。

与 Melitz 模型预测一致的是,贸易自由化可能导致企业数量减少。在本小节的定理 3 中,当贸易成本比较高时,贸易自由化程度提高,预期的进口竞争加剧,企业的需求函数更有弹性。自由进入的市场中,企业为了维持零利润条件,必须增加总产出,以平衡成本加成的缩水。随着企业规模的扩张,市场内的企业数量将会减少。

在某些情形中,贸易自由化也可能导致企业数量增加。本小节的定理 3 中,如果假设初始均衡时的贸易成本为 0,非常接近于自由贸易,则:随着贸易成本的增加,企业的利润期望降低,企业的数量会减少,以维持零利润条件;随着初始的贸易成本无限接近于 0,企业的数量会增加,这里的条件是贸易成本已经非常低。

4.2　成本效应的案例分析:以节能减排为核心的 CSR 投资

中国中车的 CSR 战略和产品创新战略都是以"节能减排"为核心,以生产技术升级为依托,以 CSR 战略管理为精神,以深化各利益相关者的节能意识和为其他利益相关企业提供节能方案和服务为实践,最终实现企业能耗成本的降低。这种类型的 CSR 战略多见于重工企业、能源企业和化工行业企业中,这些企业最有动力引入相应的节能生产技术,通过降低污染物排放量,最终实现排放物处理成本的降低。就出口市场而言,在《巴黎协定》之后,世界各国的产品需求偏好逐渐转移至高效节能。因此,出口企业迫于市场需求变化的压力开始增加"节能减排"方面的投入。本节以中国中车为例。

　　中国中车坚持中国的"创新发展战略",以铁路装备生产和出口为核心,以城轨等城市基础设施建设为辅,新增新能源汽车和金融公司两个领域的业务为未来发展打下坚实的基础,再通过轨道交通服务向全国的居民和企业提供社会化服务并获得相应的经济收入,最后通过金融地产等其他产业进行再投资,以实现集团利润最大化。

　　中国中车 CSR 战略中的关于"节能环保和绿色发展"的内容充分体现了中国中车身为重要央企对社会发展和所在社区环境的重视程度。节能减排作为一个独立的单元,体现了中国中车在排污治理、节能降耗和科技投入方面所做出的努力。中国中车通过规范管理制度和体系、节约和循环利用资源、改进生产工艺等方法,在绿色生产理念的指导下,有效地实践节能减排目标。中国中车分别在 2012 年和 2014 年在绿色生产方面投入 1.39 亿元和 1.06 亿元,每万元工业增加值的综合能耗显著降低[见图 4-2(a)]。

　　从整体上看,中国中车的 CSR 战略贯穿了企业运营的方方面面,战略的制定集制度化、人性化和社会化为一体,企业的核心理念充分考虑和体现了中国中车的国际定位和未来盈利方向。作为一家大型的机械装备生产企业,中国中车将 CSR 战略的重心放在节能产品的开发和生产流程绿色化这两个方面,能够同时实现为社会减少污染、降低企业生产成本的目标。其相关项目的投资本质,还是企业对于利润最大化的追求,以及对保持市场竞争力的努力。中国中车的年报显示,其年度利润在 100 亿元以上。也就是说,中国中车的绿色能源项目投入年度平均可节约能耗约 485 吨标准煤(每公斤标准煤产生的能量为 29307600 焦耳),若按煤炭成本为 550 元/吨计算,年度可节约能耗 2.5 亿元。若按企业每两年更新一次节能设备,而每次设备更新费用为 1.25 亿元计算,则节能减排设备投资的回收期仅半年,成本效应非常显著。再看中国中车 2010—2015 年的国际市场收入[见图 4-2(b)],对应于 2012 年 1.39 亿元的绿色生产投入,当年的国际市场收入非常理想。2013—2014 年由于订单未完成等,国际市场收入有所回落,但是

2015 年的国际市场收入再一次冲向高点。由此可见,企业的国际市场收入确实受到社会责任战略的影响。

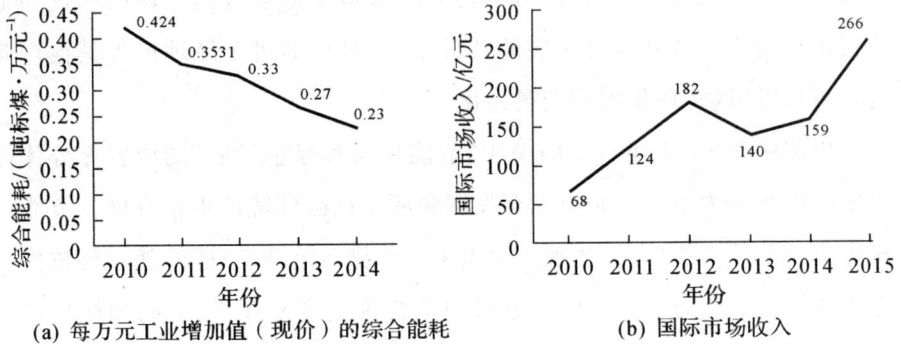

(a) 每万元工业增加值(现价)的综合能耗　　　(b) 国际市场收入

图 4-2　中国中车"节能减排"战略的成本效应

除了中国中车,类似的以"节能减排"为核心的 CSR 战略投资同样能够实现降低成本的目标,如浙能集团在浙江省创新建设的生物质发电厂每年可消耗 25 万吨生物质燃料,用于替代 6.5 万吨标准煤,平均每吨生物质燃料发电 600 多千瓦时,减少二氧化碳排放 16 万吨,年均给农民增收 4000 万元。将上述信息转换为经济数据的分析,表 4-1 给出了该项目的原单位成本和现在单位成本的对比。煤炭的价格以 2014 年 12 月 31 日中国境内各个产区的煤炭销售价的平均值为依据,这个价格是煤炭的出厂价,尚未包括煤炭从产区运到发电厂的运输成本。表 4-2 中关于生物质发电厂的二氧化硫、氮氧化物和底灰与污水处理的费用信息,源于陈聪等(2011)的研究。从发电原料成本来看,生物质废料的收购成本与煤炭的购买成本差不多,但是煤炭成本尚未包括运输费用。表 4-2 展示了企业的燃料处理成本(燃料作物脱硫和脱硝)非常高。经过换算以后,每吨燃料的处理费用差距巨大,如果是生物质发电厂,处理费用仅不到 60 元,而传统的煤炭发电厂的处理费用高达 4000 多元。不难预期,二氧化碳排放权交易的启动将会进一步提高传统发电燃料的处理成本,二氧化硫和氮氧化物的排放标准也可能提高,并进一步提高企业的处理成本。

表 4-1　生物质发电厂生产原料的成本

生产原料	原单位成本/元	现在单位成本/元	需求量/吨	合计/万元
生物质废料	—	160	250000	4000
煤炭	595	—	65000	3867.5

表 4-2　生物质发电厂污染物排放量和处理费用

污染物	每吨生物质燃料产生的污染物/吨	产生的污染物处理费用/元	0.26 吨煤炭燃料产生的污染物/吨	产生的污染物处理费用/元
二氧化硫	0.022	25	0.090	780
氮氧化物	0.019	33	—	3380
污水	0.00065	1.6	—	—
底灰	0.175	0.022	—	—

注:数据由陈聪等(2011)估算得到。

　　因此,能源企业的"节能减排"的 CSR 战略既具有社会效应,又有显著的成本效应(项目投入后对企业产生显著的正向经济效益),能够帮助企业保持行业竞争力和降低系统性风险。

4.3　本章小结

　　本章对 CSR 战略投资的成本效应进行了理论建模和案例分析。由于 CSR 投资对生产率提高或生产成本降低是存在不确定性的,而且 CSR 投资会产生巨大的沉没成本,因此,生产率相对较高的企业会选择出口,而仅有生产效率最高的那部分企业才会同时选择出口和 CSR 投资。

　　若企业是同质的,贸易自由化程度提高会导致企业出口量增加,在国内市场的产量减少,国内外的总销售量增加,CSR 投资增加,若市场是自由进入的,那么市场上的企业数量将会增加。

若企业是异质的,且市场是非自由进入的,贸易自由化程度的提高可能导致企业预期出口量增加;当贸易成本非常高时,国内的销售预期减少,预期总产出不确定,CSR 投资减少,行业生产率提高;当贸易成本非常低时,企业的预期总产出增加,CSR 投资增加,行业生产率提高。

若企业是异质的,且市场结构是内生的,贸易自由化能够提高企业出口量的期望值,降低国内销售量的期望值;当贸易成本比较高时,企业总产量的期望值增加,企业数量和社会责任投资总量减少,行业生产率提高;当贸易成本比较低时,企业数量和社会责任投资总量增加,行业生产率提高。

本章还对中国中车和浙能集团的 CSR 战略进行了社会影响和经济效益的分析。通过经济分析,我们发现中国中车和浙能集团以"节能减排"为核心的 CSR 战略投资能够实现降低成本的目标。

第5章

基于声誉效应和成本效应的动态结构模型

通过分析社会责任战略对出口企业的影响机理,本章将传导机制归纳为声誉效应和成本效应两个方面,并对声誉效应和成本效应进行实证检验。第 3 章和第 4 章已经在两个独立的模型中,深入地研究了声誉效应和成本效应对出口企业的一般性的影响和机理。事实上,声誉效应和成本效应不一定是单独发挥作用的,它们之间可能存在互动,并且这种互动关系能够对出口企业产生持续的影响。第 5.1 节以出口决策和 CSR 投资决策为触发点,联立两个决策的成本效应(体现为生产率提高)和声誉效应(体现为出口需求增加)构建动态结构方程,在同一框架下分析两个决策各自对企业收益的边际作用。根据该动态结构模型,第 5.2 节设置计量模型,以 2010—2013年 271 家中国上市工业企业为样本,经验估计了出口决策和 CSR 投资决策分别对生产率和出口需求的作用大小,并且以 2010 年的企业数据和估算得到的后验分布的均值表示参数估计值并设定为状态变量的初始值,模拟后续年份的企业出口决策和 CSR 投资决策。

5.1　两种效应的动态结构模型

社会责任战略对企业的出口决定和出口绩效的影响,可以归纳为以下两个渠道:一是通过提高生产率或降低成本实现,二是通过出口国当地需求(出口需求)的增加实现。第 5.1 节给定企业的生产成本,从声誉效应对偏好和需求影响的角度,分析社会责任战略选择和企业产出、利润之间的关联。第 5.2 节给定企业的声誉是一样的,从成本效应对生产和供给影响的角度,分析了在贸易自由化的冲击下,企业的出口决策、社会责任战略选择、预期国内产出、预期出口和预期总产出的变化(微观层面),还分析了对出口门槛和企业数量的影响(宏观层面)。

在贸易自由化的过程中,企业实施社会责任战略的动力源于社会责任战略的成本效应的边际收益必须足够大,即要求有足够多的需求增长来支持成本效应的发挥。当存在声誉效应时,这种需求增长是能够实现的。这就暗示着,成本效应和声誉效应能够在出口企业中发挥交互作用,对生产率和出口需求在长期中存在动态影响。

为了理解和检验这种动态过程,本节构建了包含生产率和出口需求变化的动态结构模型,从理论层面区分成本效应和声誉效应,将企业决策内生化,并分析了企业决策对企业收益的边际影响。

5.1.1　基本假设和结构模型

出口决策和 CSR 投资决策会同时内生地影响企业未来的生产率和出口需求。出口决策和 CSR 投资决策的关联通过以下机制实现:第一,随着企业生产率的提高,企业出口的回报率以及 CSR 投资的回报率是不断提高的,因此,高效率的企业会自发地进入出口市场并且实施社会责任战略;第二,企业出口规模的扩大,以及更好的社会责任形象都有可能提高企业生产率,继而间接地提高第一种效应,并且循环往复;第三,企业未来的出口需求直接取决于社会责任形象,这主要是由蓝色贸易壁垒导致的;第四,出口决策会影响社会责任战略的收益率,社会责任战略也会影响企业出口的回报率;第五,企业的出口决策会直接影响企业是否增加社会责任投资以满足进口商的社会责任要求的概率,而是否增加社会责任投资也会直接影响企业出口的概率。

在 Das 等(2007)和 Aw 等(2011)的研究的基础上,本小节的动态结构模型加入了社会责任水平是否高于平均水平这一变量(定义为"优秀"企业),并且认为"优秀"企业可能通过影响企业的生产率和出口需求来影响企业的出口决策。社会责任投资是否能够对企业销售利润产生影响? 我们从国内销售利润和出口销售利润两方面进行讨论。模型估算了社会责任投资能够对未来出口影响的程度,以及在长期中内生决定的出口决策和 CSR 投资决策。

为了构建模型,我们首先假设:第一,每个企业都是独立经营和生产的;第二,每个企业只生产一种产品,并且能够在国内市场和国外市场同时销售;第三,在短期内,企业生产的异质性包括企业资本存量和生产率两个方面,而社会责任只能通过生产率对成本函数产生影响。只有当以上假设成立时,一国市场的需求冲击才不会对另一国市场的产出产生影响。

(1)边际生产成本、收益和利润

在短期内,企业 i 的边际生产成本可表示为

$$\ln c_{i,t} = \ln c(k_{i,t}, \omega_{i,t}) = \beta_0 + \beta_k \ln k_{i,t} + \beta_w w_{i,t} - \omega_{i,t} \qquad (5.1)$$

式中:$k_{i,t}$ 表示企业的生产资本存量;$w_{i,t}$ 是其他与生产相关投入的价格;$\omega_{i,t}$ 是体现企业异质性的、企业 i 在时期 t 的生产率。

国内市场和国外市场均为 DS 模型中的垄断竞争市场。然而,企业在不同国家的市场中所面对的需求函数不一样,因此两国的定价也不一样,这

里用 $j = H$ 和 $j = X$ 分别表示国内市场和国外市场。企业 i 在国内市场和国外市场的需求曲线用公式表达为

$$q_{i,t}^j = Q_{i,t}^j \left(\frac{p_{i,t}^j}{P_{i,t}^j} \right)^{\xi_j} e^{s_{i,t}^j(d_{i,t-1})} = \frac{I_t^j}{P_t^j} \left(\frac{p_{i,t}^j}{P_{i,t}^j} \right)^{\xi_j} e^{s_{i,t}^j(d_{i,t-1})} = \Phi_t^j (p_{i,t}^j)^{\xi_j} e^{s_{i,t}^j(d_{i,t-1})}$$

(5.2)

式中：$Q_{i,t}^j$ 表示行业总产出；$P_{i,t}^j$ 表示行业价格指数；$p_{i,t}^j$ 是企业产品价格；I_t^j 表示市场 j 的市场容量；ξ_j 是衡量市场 j 的需求弹性（固定为常数）；Φ_t^j 是市场 j 中对行业产品的总需求；$s_{i,t}^j(d_{i,t-1})$ 是企业的其他解释变量，这里用的是企业上一期的社会责任战略选择的虚拟变量。

每家企业 i 在每个时期 t 都要选择是否出口，以及是否实施 CSR 战略（这里指是否是"优秀"企业）。企业在两个国家的市场上的定价以未来两国市场利润总额的贴现值最大化为原则，也就是包含未来收益贴现的收益函数。假设时期 t 的企业 i 在市场 j 上的定价为 $p_{i,t}^j$，那么时期 t 的企业 i 在市场 j 上的收益函数可表示为

$$\ln r_{i,t}^j = (\xi_j + 1)\ln \left(\frac{\xi_j}{\xi_j + 1} \right) + \ln \Phi_t^j +$$

$$(\xi_j + 1) \times (\beta_0 + \beta_k \ln k_{i,t} + \beta_w w_t - \omega_{i,t}) + s_{i,t}^j(d_{i,t-1})$$

(5.3)

当 $j = H$ 时，国内市场收益仅由国内市场需求、资本存量、投入品价格和生产率决定；当 $j = X$ 时，国外市场收益由国外市场需求、资本存量、投入品价格、生产率和社会责任形象共同决定。社会责任形象只能通过生产率影响国内市场收益。

由于数据限制，我们无法辨认由国内市场需求变化所导致的生产率变化。或者说，我们使用国内市场销售收益来衡量企业的生产率，即当 $j = D$ 时，假设 $s_{i,t}^j = 0$ 对所有的 t 都成立（Das 等，2007；Aw 等，2011），那么，$\omega_{i,t}$ 包含所有可能引起企业在两国市场的收益变化的、代表企业异质性的因素，这

里指的是生产率。CSR 战略对国内需求的影响表现为由生产率的变化导致的国内销售收益变化。如果 CSR 投资对国内需求和生产成本同时产生影响,本章的模型只能观察到总收益或净利润的变化。与之相对应的,$s_{i,t}^j$ 包括所有可能导致出口收益变化的因素,本小节着重考察的是源于异质性的 CSR 战略决策 d_i 的影响。

由此,时期 t 的企业 i 在市场 j 上的利润 $\Pi_{i,t}^j$ 可写为 $\Pi_{i,t}^j = -\xi_j^{-1} r_{i,t}^j(\Phi_t, k_{i,t}, \omega_{i,t})$。再利用方程(5.3),结合公司年报披露的实际数据,我们可收集到企业年度总收益和出口收益,然后计算出国内销售收益,最后能够分别计算企业来源于国内销售和出口的利润。

(2)生产率和出口需求的演变

假设生产率是随着 CSR 战略、出口决策和随机需求冲击的演变而发生变化的,其动态演变是遵循马尔可夫过程的。生产率的动态演变过程可以表示为

$$\omega_{i,t} = h(\omega_{i,t-1}, d_{i,t-1}, e_{i,t-1}) + \varepsilon_{i,t} = \alpha_0 + \alpha_1 \omega_{i,t-1} + \alpha_2 d_{i,t-1} + \alpha_3 e_{i,t-1} +$$
$$\alpha_4 d_{i,t-1} e_{i,t-1} + \varepsilon_{i,t} \tag{5.4}$$

式中:$d_{i,t-1}$ 是企业 $t-1$ 期的 CSR 投资决策;$e_{i,t-1}$ 是时期 $t-1$ 的出口决策。为了便于计算,$d_{i,t-1}$ 和 $e_{i,t-1}$ 均为 0 或 1 的变量,当企业的 CSR 投资额属于优秀时,$d_{i,t-1}=1$,否则 $d_{i,t-1}=0$;当企业决定出口时,$e_{i,t-1}=1$,否则 $e_{i,t-1}=0$。由于 CSR 投资决策对生产率(或市场需求)产生作用是需要时间的,比如企业需要对员工进行培训,企业取得某些国际标准认证,或者消费者需要时间发现企业所赋予产品的 CSR 特征等,因此我们假设当期的 CSR 投资决策只能对下一期的生产率(或市场需求)产生影响,对当期的没有作用。加入前一期的出口决策变量 $e_{i,t-1}$ 是为了反映出口中的"边学边做"效应,预计其参数 α_3 是大于 0 的。然后,CSR 投资决策 $d_{i,t-1}$ 对应的参数 α_2 的正负性要分情况讨论:如果 CSR 投资决策是有效率的,比如采用新的生产流程或者更先进的减排技术等使得企业效率提高,那么 $\alpha_2 > 0$;如果 CSR 投资决

策是形式上的,比如企业捐款等,增加了企业的运营成本,不仅没有提高生产效率,还分散了生产可用资金,那么预期 $\alpha_2 < 0$。出口决策和 CSR 投资决策的交叉项考虑的是这两个决策之间可能有互动,比如,国外采购商的要求促使引入更环保且更有效的生产技术,此时该交叉的参数估计值 $\alpha_4 > 0$。$\varepsilon_{i,t}$ 是随机误差项,捕捉了其他引起生产率波动的因素,并且会进入下一期的生产率函数。假设 $\varepsilon_{i,t}$ 是独立同分布的,均值为 0,方差为 σ_ε^2。

由于数据的时间跨度比较短,所以我们借鉴 Aw 等(2011)的做法,假设对于每个企业而言,资本是固定的。但是,企业间的资本存量是存在差异的。为了便于计算,假设状态变量(国内市场的行业总需求 $\ln \Phi_t^D$ 和国外市场的行业总需求 $\ln \Phi_t^X$)均遵循外生的一阶马尔可夫过程。

出口需求冲击的演变遵循的一阶马尔可夫过程为

$$s_{i,t} = f(s_{i,t-1}, d_{i,t-1}, e_{i,t-1}) + \mu_{i,t}$$
$$= \gamma_0 + \gamma_1 \omega_{i,t-1} + \gamma_2 d_{i,t-1} + \gamma_3 e_{i,t-1} + \gamma_4 d_{i,t-1} e_{i,t-1} + \mu_{i,t} \quad (5.5)$$

方程(5.5)的参数设置与方程(5.4)相同,这里的随机项 $\mu_{i,t}$ 服从 $N(0, \sigma_\mu^2)$ 的正态分布。参数 $s_{i,t}$ 包含出口市场和商品特征等会对出口需求产生持续影响的因素。CSR 投资决策的估计值 γ_2 反映了 CSR 投资决策对出口需求的直接影响,以及 CSR 投资决策通过生产率对出口需求的间接影响。上一期的出口决策的估计值 γ_3 体现了出口决策对本期的出口需求的影响。同理,两个决策的交叉项所对应的参数估计值 γ_4 反映了出口决策和 CSR 投资决策在出口市场上究竟具有互补性($\gamma_4 > 0$)还是可替代性($\gamma_4 < 0$)。

(3)出口决策和 CSR 投资决策

企业决策的顺序是:企业根据本期出口的固定成本 $\gamma_{i,t}^F$ 和沉没成本 $\gamma_{i,t}^S$ 决定该期是否出口;在做出出口决策之后,根据本期 CSR 投资的固定成本 $\gamma_{i,t}^C$ 和沉没成本 $\gamma_{i,t}^D$ 决定本期是否实施 CSR 战略。这四个成本是独立同分布的,服从联合分布函数 G^γ。

在企业 i 尚未观测到出口的固定成本和沉没成本之前,我们用 $V_{i,t}$ 表示

该企业在时期 t 的价值,公式为

$$V_{i,t}(S_{i,t}) = \int \left\{ \Pi_{i,t}^{D} + \max_{e_{i,t}} [\Pi_{i,t}^{X} - e_{i,t-1}\gamma_{i,t}^{F} - (1-e_{i,t-1})\gamma_{i,t}^{S} + V_{i,t}^{E}(s_{i,t}), \ V_{i,t}^{D}(s_{i,t})] \right\} dG^{\gamma} \tag{5.6}$$

式中: $S_{i,t} = (\omega_{i,t}, s_{i,t}, k_i, \Phi_t, e_{i,t-1}, d_{i,t-1})$ 是所有状态变量的矩阵。假设 $V_{i,t}^{E}$ 是做出最优 CSR 投资决策后的出口企业的价值,$V_{i,t}^{D}$ 是做出最优 CSR 投资决策后的非出口企业的价值,$V_{i,t}^{E}$ 和 $V_{i,t}^{D}$ 分别表示为

$$V_{i,t}^{E}(S_{i,t}) = \int \max_{d_{i,t} \in (0,1)} \left\{ \begin{array}{l} \delta E_t V_{i,t+1}(S_{i,t} \mid e_{i,t}=1, d_{i,t}=1) - d_{i,t-1}\gamma_{i,t}^{C} - (1-d_{i,t-1})\gamma_{i,t}^{D}, \\ \delta E_t V_{i,t+1}(s_{i,t} \mid e_{i,t}=1, d_{i,t}=0) \end{array} \right\} dG^{\gamma} \tag{5.7}$$

$$V_{i,t}^{D}(S_{i,t}) = \int \max_{d_{i,t} \in (0,1)} \left\{ \begin{array}{l} \delta E_t V_{i,t+1}(S_{i,t} \mid e_{i,t}=0, d_{i,t}=1) - d_{i,t-1}\gamma_{i,t}^{C} - (1-d_{i,t-1})\gamma_{i,t}^{D}, \\ \delta E_t V_{i,t+1}(S_{i,t} \mid e_{i,t}=0, d_{i,t}=0) \end{array} \right\} dG^{\gamma} \tag{5.8}$$

以上两个价值函数反映了由出口和 CSR 投资所产生的净收益或净损失。企业期望价值最大化是由本期的决策所产生的未来期望价值最大化的方式来制定出口决策和 CSR 投资决策的,而未来期望价值可表示为

$$E_t V_{i,t+1}(S_{i,t} \mid e_{i,t}, d_{i,t}) = \int_{\Phi'} \int_{s'} \int_{\omega'} V_{i,t+1}(S') dF(\omega' \mid \omega_{i,t}, e_{i,t}, d_{i,t})$$
$$dF(s' \mid s) dG(\Phi' \mid \Phi) \tag{5.9}$$

在模型中,CSR 投资可能提高或者降低企业生产率,相对应的,减少或增加企业边际生产成本。根据生产率对企业出口存在自选择效应,我们预期:只有效率最优的企业才会同时选择出口和 CSR 投资。

5.1.2 CSR 投资决策和出口决策的边际收益分析

通过模型,我们可以估计到企业当期的决策会对未来的出口需求和生产率产生直接影响,通过未来价值预期对未来的企业决策产生间接影响。

结构方程的好处在于揭示了一种企业决策的边际收益可能受到另一企业决策的边际收益的影响,即两家企业决策的边际收益可能通过生产率和出口需求存在间接的影响。CSR 投资决策的边际收益受到出口决策引致的生产率变化,以及出口的沉没成本的共同影响。出口决策的边际收益受到社会责任战略引致的出口需求和生产率变化,以及社会责任战略的沉没成本的共同影响。CSR 投资决策和出口决策的边际收益可以由下一期的期望价值差计算得到。

比如,CSR 投资决策的边际收益可由方程(5.7)和(5.8)计算得到,表示为

$$
\begin{aligned}
\mathrm{MBC}_{i,t}(S_{i,t} \mid e_{i,t}) = {} & E_t V_{i,t+1}(S_{i,t+1} \mid e_{i,t}, d_{i,t} = 1) - \\
& E_t V_{i,t+1}(S_{i,t+1} \mid e_{i,t}, d_{i,t} = 0)
\end{aligned} \tag{5.10}
$$

不难发现,CSR 投资决策的边际收益有两个来源:一是 CSR 投资决策对未来生产率的影响,二是 CSR 投资决策对出口决策的影响。我们用 $\Delta \mathrm{MBC}_{i,t}(S_{i,t})$ 表示出口组和非出口组的 CSR 投资决策的边际收益差异,具体表示为

$$
\Delta \mathrm{MBC}_{i,t}(S_{i,t}) = \mathrm{MBC}_{i,t}(S_{i,t} \mid e_{i,t} = 1) - \mathrm{MBC}_{i,t}(S_{i,t} \mid e_{i,t} = 0) \tag{5.11}
$$

如果 $\Delta \mathrm{MBC}_{i,t}(s_{i,t}) > 0$,则表示出口企业相比非出口企业能够从 CSR 投资中获得更多收益。此时,方程(5.4)的估计值 $\alpha_4 > 0$,方程(5.5)的估计值 $\gamma_2 > 0$ 和 $\gamma_4 > 0$,表示 CSR 投资决策和企业出口决策之间是存在互补关系的。

同理,出口决策的边际收益可表示为

$$
\mathrm{MBE}_{i,t}(S_{i,t} \mid d_{i,t-1}) = \Pi_{i,t}^{X}(S_{i,t}) + V_{i,t+1}^{E}(S_{i,t} \mid d_{i,t-1}) - V_{i,t+1}^{D}(S_{i,t} \mid d_{i,t-1}) \tag{5.12}
$$

式中:$\Pi_{i,t}^{X}$ 反映当期的出口利润;$V_{i,t+1}^{E}(S_{i,t} \mid d_{i,t-1}) - V_{i,t+1}^{D}(S_{i,t} \mid d_{i,t-1})$ 反映预期在 $t+1$ 期作为出口商可获得的利润与作为非出口商可获得的利润之

差。社会责任优秀企业和非优秀企业的出口边际利润之差可表示为

$$\Delta\mathrm{MBE}_{i,t}(S_{i,t}) = \mathrm{MBE}_{i,t}(S_{i,t} \mid e_{i,t} = 1) - \mathrm{MBE}_{i,t}(S_{i,t} \mid e_{i,t} = 0)$$

$$(5.13)$$

同理，$\Delta\mathrm{MBE}_{i,t}(S_{i,t})$ 表示 CSR 投资决策对企业出口收益的边际作用。当 $\Delta\mathrm{MBE}_{i,t}(S_{i,t}) > 0$ 时，实施 CSR 投资决策的企业相比不实施 CSR 投资决策的企业能从出口中获得更多的收益。

5.2　动态结构模型估计：基于声誉效应和成本效应

本节使用马尔可夫链蒙特卡罗（MCMC）方法，以两百余家中国上市公司为样本，估算社会责任战略对企业生产率以及出口需求的影响程度。

5.2.1　计量模型设定

在第 5 章关于 CSR 战略对出口企业影响的机理中，我们分别对声誉效应和成本效应进行分析后，发现这两种效应对企业收益或利润是存在交互作用的。因此，第 5.1 节提出了一个理论性的动态结构模型。

本小节在第 5.1 节动态理论模型的基础上构建相应的实证模型，使用271 家中国上市企业数据估计模型参数，再用估计得到的模型对企业的出口决策和 CSR 投资决策做模拟，以检验模型的合理性。

（一）利润和生产率

企业 i 的可变总成本可由国内与国外销售总量和边际成本的乘积表示，即

$$\mathrm{tvc}_{i,t} = q^{D}_{i,t}c_{i,t} + q^{X}_{i,t}c_{i,t} = r^{D}_{i,t}\left(1+\frac{1}{\xi_{D}}\right) + r^{X}_{i,t}\left(1+\frac{1}{\xi_{X}}\right) + \delta_{i,t} \quad (5.14)$$

式中：$q^{j}_{i,t}(j=D,X)$ 表示企业 i 在市场 j 的销售量；$r^{j}_{i,t}$ 表示企业 i 在市场 j

的收益;ξ_j 表示企业 i 的产品在市场 j 的需求弹性;$\delta_{i,t}$ 是包含计量误差的误差项。如果对方程(5.14)进行 OLS(普通最小二乘)估计,我们可以估算出产品的需求弹性 ξ_D 和 ξ_X。

为计算国内销售收益,可将方程(5.3)改写为

$$\ln r_{i,t}^D = (\xi_D + 1)\ln\left(\frac{\xi_D}{\xi_D + 1}\right) + \ln \Phi_t^D +$$

$$(\xi_D + 1) \times (\beta_0 + \beta_k \ln k_{i,t} + \beta_w w_t - \omega_{i,t}) + u_{i,t} \quad (5.15)$$

式中,$u_{i,t} = -(\eta_D + 1)\omega_{i,t} + u_{i,t}$,对于 $\forall i > 0$,都有 $u_{i,t}$ 是独立同分布的。沿用 Olley 和 Pakes(1996)的方法,我们用可观测的与生产率相关的企业级数据,如要素投入 $m_{i,t}$,来估算不可观测的生产率数值。估算得到的生产率函数用 $\omega_{i,t} = \omega(k_{i,t}, m_{i,t}, n_{i,t})$ 表示,将生产率函数 $\omega_{i,t}$ 代入方程(5.15),可将其改写为

$$\ln r_{i,t}^D = Z_0 + \sum_{t=1}^T Z_t D_t + (\xi_D + 1)(\beta_k \ln k_{i,t} - \omega_{i,t}) + u_{i,t}$$

$$= Z_0 + \sum_{t=1}^T Z_t D_t + f(k_{i,t}, m_{i,t}, n_{i,t}) + v_{i,t} \quad (5.16)$$

式中:Z_0 是一个常数;D_t 是表示时间的虚拟变量;$f(k_{i,t}, m_{i,t}, n_{i,t})$ 是所包含参数的四阶多项式。此时的 $f(k_{i,t}, m_{i,t}, n_{i,t})$ 包含资本、出口、CSR 投资和生产率等一系列能够影响国内销售收益的因素,将其估计值记为 $\overline{f}_{i,t}$,即 $\overline{f}_{i,t}$ 包含 $(\xi_D + 1)(\beta_k \ln k_{i,t} - \omega_{i,t})$ 的信息。为了得到企业的生产率,我们先用 OLS 方法对方程(5.16)进行回归,可得到

$$\overline{f}_{i,t} = \beta_k^* \ln k_{i,t} - \alpha_0^* + \alpha_1(\overline{f}_{i,t-1} - \beta_k^* \ln k_{i,t-1}) - \alpha_2^* d_{i,t-1} - \alpha_3^* e_{i,t-1} -$$

$$\alpha_4^* d_{i,t-1} e_{i,t-1} + \varepsilon_{i,t}^* \quad (5.17)$$

式中,所有星号上标均表示参数扩大了 $(\xi_D + 1)$ 倍。方程(5.17)是方程(5.4)的计量形式,结合由方程(5.14)估计得到的 ξ_D,采用非线性的最小二乘法进行估计。需要注意的是,本小节对生产率进行估计的信息完全来源于国内销售收益,即给定企业的生产要素投入,对企业的国内销售收益进行

比较,国内销售收益越多的企业,生产率就越高。

(二)CSR 成本、出口成本和出口需求

使用上一步估算得到的企业层面的生产率 $\omega_i = (\omega_{i,1}, \omega_{i,2}, \cdots, \omega_{i,T})^{\mathrm{T}}$、可观测到的企业的出口决策 $e_i = (e_{i,1}, e_{i,2}, \cdots, e_{i,T})^{\mathrm{T}}$、是否进行 CSR 投资 $d_i = (d_{i,1}, d_{i,2}, \cdots, d_{i,T})^{\mathrm{T}}$、出口销售收益 $r_i^X = (r_{i,1}^X, r_{i,2}^X, \cdots, r_{i,T}^X)^{\mathrm{T}}$,估算关于出口决策和 CSR 投资决策的联合条件概率分布,用公式表达为

$$P(e_i, d_i, r_i^X \mid \omega_i, k_i, \Phi) = P(e_i, d_i \mid \omega_i, k_i, \Phi, s_i^+) h(s_i^+ \mid d_i^-)$$

$$(5.18)$$

式中: s_i^+ 表示出口企业 i(如果是出口企业)所面对的出口市场冲击的时间序列, $d_i^- \equiv (d_{i,1}, d_{i,2}, \cdots, d_{i,T-1})$ 是滞后一期的 CSR 投资决策。方程(5.18)说明,企业的出口决策和 CSR 投资决策的联合概率分布函数取决于给定出口需求冲击和市场需求的边际分布 s_i,其中市场需求的边际分布 s_i 又是随出口决策和 CSR 投资决策而变化的,见方程(5.5)。因此,我们需要模拟出需求冲击的密度函数 $h(z_i^+ \mid d_i^+, e_i^+, de_i^+)$ 并计算其概率函数。由于出口决策和 CSR 投资决策都有可能影响出口需求,我们可以使用以下方法将它们的作用区别开来,以得到方程(5.5)中的 $\gamma_i (i=2,3,4)$。

(1)模拟出口冲击及其对出口收益的影响

在 Das 等(2007)模型的基础上,加入企业过去的出口决策和 CSR 投资决策,并用它们解释当期的出口需求,企业 i 在时期 t 来自出口决策和 CSR 投资决策的需求冲击表示为

$$z_i^+ = \{z_{i,t}^+\}$$

$$z_{i,t}^+ = \ln r_{i,t}^X - (\eta_X + 1)\ln(\frac{\eta_X}{\eta_X + 1}) - \ln \Phi_t^X - (\eta_X + 1)(\beta_0 +$$

$$\beta_k \ln k_{i,t} + \beta_w w_t - \omega_{i,t})$$

其中, $r_{i,t}^X > 0$。

给定滞后一期的出口决策 $e_{i,t-1}$ 和 CSR 投资决策 $d_{i,t-1}$,企业 i 在时期 t

来自前几期的出口需求的冲击去平均后的过程 v_i^+ 表示为

$$v_{i,t}^+ = z_{i,t}^+ - (\gamma_0 + \gamma_2 d_{i,t-1} + \gamma_3 e_{i,t-1} + \gamma_4 d_{i,t-1} e_{i,t-1})(1-\gamma_1)^{-1}$$

为了得到 z_i^+ 的密度函数，我们假设 z_i^+ 的过程是处于长期均衡的，那么，z_i^+ 的转移密度满足的条件为

$$v_i^+ \mid d_{i,t-1} e_{i,t-1} \sim N[(\gamma_0 + \gamma_2 d_{i,t-1} + \gamma_3 e_{i,t-1} + \gamma_4 d_{i,t-1} e_{i,t-1})(1-\gamma_1)^{-1}, \sigma_\mu^2 (1-\gamma_1^2)^{-1}]$$

$$h(v_i^+ \mid d_i^-) = N[(\gamma_0 + \gamma_2 d_{i,t-1} + \gamma_3 e_{i,t-1} + \gamma_4 d_{i,t-1} e_{i,t-1})(1-\gamma_1)^{-1}, \boldsymbol{\Omega}_{zz}]$$

式中，$\boldsymbol{\Omega}_{zz}$ 是对角元素为 $E[v_{it}^2] = \sigma_\mu^2 (1-\gamma_1^2)^{-1}$，非对角元素为 $E[v_{it} v_{it} - k] = \gamma_1^{|k|} \sigma_\mu^2 (1-\gamma_1^2)^{-1}$ 的矩阵。

为了模拟所有企业的出口需求冲击向量 z，我们从单个企业 i 开始讨论。对于企业 i 来说，时期 $t=1$ 到 T 的出口需求冲击向量为 $z_{i,1}^T = (z_{i,1}, z_{i,2}, \cdots, z_{i,T})$；相应的，除自回归部分外的需求冲击向量 $z_{i,1}^+ = (\sum_{t=1}^T e_{i,t}, \sum_{t=2}^T e_{i,t}, \cdots, \sum_{t=T}^T e_{i,t})^T$。由于方程(5.5)中的误差项 $\mu_{i,t}$ 服从 $N(0, \sigma_\sigma^2)$，则 $z_{i,1}^T$ 的条件概率服从

$$z_{i,1}^T \mid z_i^+, d_i^-, e_i^-, de_i^- \sim N(\Gamma_0 + \Gamma_1 v_i^+ + \Gamma_2 d_i^- + \Gamma_3 e_i^- + \Gamma_4 de_i^-,$$

$$\boldsymbol{\Omega}_{zz} - \boldsymbol{\Omega}_{zz^+} + \boldsymbol{\Omega}_{z^+z^+}^{-1} \boldsymbol{\Omega}_{zz^+}')$$

式中：$\boldsymbol{\Omega}_{zz} = E[v_{i,1}^T v_{i,1}^T]$；$\boldsymbol{\Omega}_{zz^+} = E[v_{i,1}^T v_i^{+'}]$；$\boldsymbol{\Omega}_{z^+z^+} = E[v_i^+ v_i^{+'}]$，$\Gamma_1 = \boldsymbol{\Omega}_{zz^+} \boldsymbol{\Omega}_{z^+z^+}$。

我们同样沿用 Das 等(2007)的方法，根据 $z_{i,1}^T$ 的分布函数，可以将出口需求冲击的向量表示为

$$z_{i,1}^T = \begin{cases} \Gamma_0 + \Gamma_1 v_i^+ + \Gamma_2 d_i^- + \Gamma_3 e_i^- + \Gamma_4 de_i^- + \Gamma_5 \eta_i, & q > 0, \\ \Gamma_0 + \Gamma_2 d_i^- + \Gamma_3 e_i^- + \Gamma_4 de_i^- + \Gamma_5 \eta_i, & q = 0 \end{cases}$$

其中 η_i 是 $T \times 1$ 阶独立同分布的正态分布向量。给定企业当年的出口状态，Γ_2、Γ_3、Γ_4 和 Γ_5 影响每年 $z_{i,1}^T$ 的模拟值。也就是说，只要在企业层面比较出口决策和 CSR 投资决策对出口需求冲击的影响，就可以得到方程

(5.4)中的 γ_2、γ_3 和 γ_4。由于部分企业并不是连续出口的,因此我们需要通过以上方法模拟企业的出口需求量。一旦得到 z_i^+,我们就可以模拟方程(5.18)。

我们借鉴 Das 等(2007)和 Aw(2011)的方法求解动态方程。在博弈的第二阶段中,所有动态变量包括 $[\gamma^C, \gamma^D, \gamma^F, \gamma^S, \gamma_0, \gamma_1, \gamma_2, \gamma_3, \gamma_4, \sigma_\mu, \Phi_X,$ $\Pr(e_{i,t} \mid S_{i,t}), \Pr(d_{i,t} \mid S_{i,t})]$,根据上文的参数设置,$\Pr(d_{i,t} \mid S_{i,t})\theta^d$ 和 $\Pr(e_{i,t} \mid S_{i,t})\theta^e$ 分别是关于出口决策和 CSR 投资决策的 Probit 模型的参数。所有固定成本和沉没成本函数的均值都以正态分布 $N(0,1000)$ 为先验分布,收益函数的截距项同样以此为先验分布。出口需求函数中的自回归系数在区间 $[-1,1]$ 内服从均匀分布,出口需求函数误差服从正态分布 $N(0, 10)$。

首先求解出口决策和 CSR 投资决策的概率,即 $\Pr(e_{i,t} \mid S_{i,t})$ 和 $\Pr(d_{i,t} \mid S_{i,t})$。

步骤一:假设价值函数的初始值为 $V^0(S_0)$,计算价值函数的初始期望值为 $EV^0 = \int_{s'} \int_{\omega'} (\omega', s', e, k, \Phi) dF(\omega' \mid \omega, d, e) dF(s' \mid s, d)$,分别由方程(5.4)和方程(5.5)计算得到 $F(\omega' \mid \omega, d, e)$ 和 $F(s' \mid s, d)$。

步骤二:将求得的 EV^0 代入方程(5.7)和方程(5.8),分别求解出口企业价值初始值 V_t^{E0} 和非出口企业价值初始值 V_t^{D0},公式为

$$
\begin{aligned}
V_t^{E0}(d_{-1}) = &\, P[\delta EV^0(e=1, d=1) - \delta EV^0(e=1, d=0) > \\
&\, d_{-1}\gamma^C + (1-d_{-1})\gamma^D] \times [EV^0(e=1, d=1) - \\
&\, d_{-1}E(\gamma^C \mid \bullet) - (1-d_{-1})E(\gamma^D \mid \bullet)] + P[\delta EV^0(e=1, \\
&\, d=1) - \delta EV^0(e=1, d=0) \leqslant d_{-1}\gamma^C + (1-d_{-1})\gamma^D] \times \\
&\, [EV^0(e=1, d=0)]
\end{aligned}
$$

$$
\begin{aligned}
V_t^{D0}(d_{-1}) = &\, P[\delta EV^0(e=0, d=1) - \delta EV^0(e=0, d=0) > \\
&\, d_{-1}\gamma^C + (1-d_{-1})\gamma^D] \times [EV^0(e=0, d=1) -
\end{aligned}
$$

$$d_{-1}E(\gamma^C \mid \bullet) - (1-d_{-1})E(\gamma^D \mid \bullet)] + P[\delta EV^0(e=0,$$

$$d=1) - \delta EV^0(e=0, d=0) \leqslant d_{-1}\gamma^f + (1-d_{-1})\gamma^p] \times$$

$$[EV^0(e=0, d=0)]$$

步骤三：将上一步中求解得到的函数代入方程(5.6)，下一期的期望价值可写为

$$V^1(\omega, s, k, \Phi_X, e_{-1}, d_{-1}) = \Pi^D(\omega, s, k) + P[\Pi^X(\omega, s, k, \Phi_X) +$$

$$V^{E0}(d_{-1}) - V^{D0}(d_{-1}) > e_{-1}\gamma^F + (1-e_{-1})\gamma^S] \times [\Pi^X(\omega, s, k) +$$

$$V^{E0}(d_{-1}) - V^{D0}(d_{-1}) - e_{-1}E(\gamma^F \mid \bullet) - (1-e_{-1})E(\gamma^S \mid \bullet)] +$$

$$P[\Pi^X(\omega, z, k, \Phi_X) + V^{E0}(d_{-1}) - V^{D0}(d_{-1}) \leqslant e_{-1}\gamma^F + (1-e_{-1})\gamma^S] \times$$

$$V^{D0}(d_{-1})$$

步骤四：重复以上步骤，直至价值函数收敛至 $V^{j+1} - V^j < \varepsilon$，这里的 $\varepsilon \to 0$。

我们将状态空间用点序列离散化，用 8 个类别划分 k，分别为 ω_i 和 s_i 随机产生一个数量为 100 的拟随机序列。在每一个 (ω_i, s_i) 组合点上，我们使用以上步骤求解得到收敛的价值函数，再利用离散马尔可夫算子计算这些组合的价值期望，公式为

$$EV = \int_{s'} \int_{\omega'} V^0(\omega', s', e, k, \Phi_X) dF(\omega' \mid \omega, d, e) dF(s' \mid s, d)$$

$$= \frac{1}{N} \sum_{n=1}^{N} \hat{V}(s_n, \omega_n, e, s, k, \Phi_X) P^N(s_n, \omega_n \mid s, \omega, e, d)$$

$$= \frac{1}{N} \sum_{n=1}^{N} \hat{V}(s_n, \omega_n, e, d, k, \Phi_X) \frac{p(s_n \mid s) p(\omega_n \mid \omega, e, d)}{\sum_{n=1}^{N} p(s_n \mid s) p(\omega_n \mid \omega, e, d)}$$

（2）出口决策和 CSR 投资决策的条件概率

出口的概率和实施 CSR 投资的概率可表示为关于价值函数、沉没成本和固定成本的函数。这里假设出口和 CSR 投资所涉及的沉没成本和固定成本均服从独立同分布的正态函数。沉没成本和固定成本是按照企业出口

进入和退出分组后确定的。因此,给定企业在当期的状态 $S_{i,t}$,可以将出口决策和 CSR 投资决策的联合分布函数表示为

$$P(e_i = 1 \mid S_{i,t}) = P[e_{i,t-1}\gamma_{i,t}^F + (1-e_{i,t-1})\gamma_{i,t}^S \leqslant \Pi_{i,t}^X + V_{i,t}^E - V_{i,t}^D]$$

$$(5.19)$$

同理,CSR 投资决策的概率可以表示为

$$P(d_i = 1 \mid S_{i,t}) = P[d_{i,t-1}\gamma_{i,t}^f + (1-d_{i,t-1})\gamma_{i,t}^S \leqslant \delta E_t V_{i,t+1}(S_{i,t} \mid e_i, d_i = 1) -$$

$$\delta E_t V_{i,t+1}(S_{i,t} \mid e_i, d_i = 0)]$$

$$(5.20)$$

这里的概率分布的得到遵循以下顺序:企业首先做出口决策,然后做 CSR 投资决策。期望价值函数是由方程(5.6)~(5.9)的结构方程所得的。

5.2.2　数据和描述性统计

这里使用的数据是 2010—2013 年连续经营的 271 家中国上市工业企业的。这些企业的财务数据均由国泰安 CSMAR 数据库提供。国外市场销售额由作者整理企业的年度财务报告后得到。社会责任数据源于润灵数据库(RKS)。RKS 的评分基于企业披露的社会责任情况,并不能真实地反映企业在社会责任方面所做的努力或者详细的支出金额。但是,由于消费者获得信息的渠道主要是媒体以及企业自身发布的社会责任报告,因而,由消费者感知引发的需求增加可以由 RKS 数据进行衡量。为了贴合模型设置,以及降低数据造成的测量误差,我们将所有具有 RKS 评分的企业按 RKS 评分值由高到低分为两组,RKS 数值在当年均值及以上的企业为"社会责任优秀"组别,剩下的为"社会责任一般"组别,分别对应模型中的"参与"和"不参与"CSR 投资,这是因为社会责任投资的作用还会受到社会平均值的影响(见第 3.1 节)。

根据企业年报中提供的关于"分地区的销售收入"的信息,我们可以获得企业的国内销售额和出口销售额数据,以及当期是否存在出口这三类数据;全部可变成本用 CSMAR 中的"主营业务成本"衡量;资本存量由

CSMAR 中的"固定资产净额"衡量。社会责任投资额的数据难以通过财务报告或其他相关资料获得,这里用企业捐款额来衡量社会责任投资额。以 2010 年的价格指数为基数,所有的企业销售数据均按当期的价格指数做平减处理。选取 2010—2013 年的数据,一方面是为了避开 2008—2009 年的金融危机对企业决策的影响,另一方面,2010 年之前发布社会责任报告的企业数量比较少。

表 5-1 对 2010—2013 年有连续数据的 271 家中国上市工业企业的平均销售额进行了描述性比较,这些企业在此四年中持续经营且营业利润均为正。不难发现,在中国上市工业企业中,出口企业的平均国内销售额在各个年份中均大于非出口企业的平均国内销售额。如果生产是存在规模效应的,那么出口企业的生产效率就应该高于非出口企业。这说明企业进入出口市场是在生产效率达到较高水平时自主选择的。

表 5-1　出口企业和非出口企业年度平均销售额比较

单位:元

年份	出口企业		非出口企业
	平均国内销售额	平均出口销售额	平均国内销售额
2010	2179475.60	264224.16	741759.68
2011	2371891.70	306824.16	897047.19
2012	2732065.03	635175.56	990517.43
2013	2601099.52	783458.11	891882.54

表 5-2 给出了不同出口状态和企业社会责任状态下的企业的年度平均销售额比较。不难发现,非出口企业中 CSR 投资表现好的企业的平均销售额是 CSR 投资表现一般的企业的 2.28 倍,而在出口企业中这两类企业的差异是 5.51 倍。这说明 CSR 投资对企业的年度平均销售额是存在影响的。

表 5-2　不同出口状态和 CSR 投资企业的年度平均销售额比较

单位:元

状态	CSR 投资优秀企业的 平均销售额	CSR 投资一般企业的 平均销售额
出口企业	6172470.53	1119732.20
非出口企业	1563681.70	684451.99

　　表 5-3 给出了持续经营企业在前后两期的出口状态和 CSR 投资决策的年度转移率。在上市工业企业中,28.5％的企业会同时选择出口和 CSR 投资。企业的出口决策和 CSR 投资决策都具有非常强的持续性,也就是说,在时期 t 选择出口或选择 CSR 投资的企业在时期 $t+1$ 有很大的概率保持原状态。但是,仅出口企业相较仅 CSR 投资的企业有更大的概率参与另一项活动(数值上表现为 0.153 大于 0.044)。还有,参加出口或 CSR 投资的企业比都不参加的企业有更高的概率参与另一项活动。每个组合状态都存在的持续性显示了出口和 CSR 投资可能存在较高的沉没成本,对于企业来说,参与新活动的成本是高昂的。

表 5-3　持续经营企业在前后两期的出口状态和 CSR 投资决策的年度转换率

单位:％

时期 t	时期 $t+1$			
	都不	仅出口	仅 CSR 投资	都是
全部企业	21.7	39	10.7	28.5
都不	80.8	3.4	15.3	0.5
仅出口	0.9	83.9	0	15.3
仅 CSR 投资	13.2	0	82.4	4.4
都是	0	4.2	0	90.6

　　出口决策和 CSR 投资决策之间是存在关联的。第一,如果出口和 CSR 投资的成本都是高昂的,可以预测只有非常有生产效率的企业才能参加其

中任何一种活动,在下一期中若增加另一种活动的投资就表示两者之间可能有微妙的联系。第二,我们根据表 5-1～表 5-3 的数据无法观测到出口决策和 CSR 投资决策之间究竟在多大程度可以用生产率来解释,又有多少可以通过出口增长来解释,下文将用这些数据,结合上文的动态结构模型将这两种机制区分和量化。

5.2.3　参数估计和模型预测

本小节以第 5.1 节的理论模型为基础构建实证模型,以中国上市企业数据进行模型参数估计和模型预测。

(1)参数估计

表 5-4 给出了成本加成和生产率估计。根据 $1+1/\eta_D$ 和 $1+1/\eta_X$ 的参数估计值,我们可以计算得到国内市场和国外市场的需求弹性分别为 -6.10 和 -4.03。需求弹性越大,对应的成本加成越小,反映了企业所面对的市场结构和竞争情况的差异。β_k 对应资本存量的对数值的参数估计,其值为负表示如果企业所具备的资本存量更高,那么能够降低边际生产成本。事实上,使用自有资本进行生产和销售的成本比从其他途径获得生产资本的成本低。α_1 估计了上一期的生产率对本期生产率的影响,其数值非常大且接近于 1,说明两期生产率之间的关系是线性正相关的。α_2 估计了上一期的 CSR 投资决策对本期生产率的影响,其值明显不接近于 0,这说明上一期的 CSR 投资能够解释部分的生产率进步。也就是说,给定其他条件,上一期 CSR 投资优秀的企业相比 CSR 投资一般企业的生产率将提高 1.5%。同理,α_3 的估计值显著不为 0,α_3 表示上一期的出口决策对本期生产率的影响。其估计值表示,给定其他条件,上一期具有出口决策的企业相比没有出口决策的企业的生产率将提高 3.5%。α_4 表示出口决策和 CSR 投资决策联合对生产率的影响,由于其值接近于 0,因而表示不存在交互作用的影响。因此,本小节得出结论,出口决策和 CSR 投资决策都可能对企业生产率产

生正向作用。

表 5-4　动态模型成本加成和生产率估计

参数	估计值	标准差
$1+1/\eta_D$	0.836	0.032
$1+1/\eta_X$	0.752	0.059
β_k	-0.105	0.010
α_0	0.058	0.097
α_1	0.879	0.019
α_2	0.015	0.011
α_3	0.035	0.021
α_4	0.001	0.017

注:估计值表示后验概率分布的均值,标准差表示后验概率分布的标准差。

表 5-5 给出了 CSR 投资、出口成本和出口需求估计。其中,第三列为参数后验分布的标准差。γ_0 到 γ_4 这五组数据是对出口需求动态过程的估计。γ_0 表示出口需求的增长,其值为比较小的正数,可知 2010—2013 年企业出口需求增长缓慢。γ_1 是出口需求的自回归参数,由均值 0.872 可知出口需求是存在持续性的。γ_2 体现了 CSR 投资对出口需求的作用,估计得到的均值为 0.032,表示 CSR 投资优秀的企业相比 CSR 投资一般企业可以额外获得 3.2% 的出口需求增长。同理,企业的出口决策对企业的出口需求的增长作用可以用 γ_3 来估计,数值 0.049 表示给定其他条件,具有出口决策的企业相较没有出口决策的企业可额外获得 4.9% 的出口需求增长。出口决策和 CSR 投资决策对出口冲击的交叉影响的估计值 γ_4 为正,表示 CSR 投资决策对出口需求的影响在出口企业中更为显著。以上参数的估计均和预期一致。出口决策和 CSR 投资决策的沉没成本的后验概率分布均值均显著高于其固定成本的后验概率分布均值,验证了一旦企业选择了其中任一

种决策,都不会在下一期中轻易地放弃该决策。

表 5-5　动态模型 CSR 投资、出口成本和出口需求估计

参数	估计值	标准差
γ_0	0.018	0.017
γ_1	0.872	0.015
γ_2	0.032	0.012
γ_3	0.049	0.019
γ_4	0.057	0.021
γ^C	5.834	0.673
γ^D	13.682	1.895
γ^F	30.402	0.591
γ^S	257.710	6.596

注:估计值表示后验概率分布的均值,标准差表示后验概率分布的标准差。

（2）模型预测

为验证模型的准确性,我们用上述模型的参数和 2010 年的原始数据进行模拟测试。原始数据包括 2010 年的生产率、出口需求、CSR 投资决策、出口决策和资本存量。给定这些初始值,我们利用以上模型参数模拟之后三年的出口需求冲击、CSR 投资的固定成本和沉没成本、出口的固定成本和沉没成本,逐年逐个企业计算出最优出口和 CSR 投资决策。对于每家企业,我们均按上文方法进行了 100 次的模拟测试,并取其平均值作为参数估计值。表 5-6 将模拟数据的出口决策和 CSR 投资决策的年度转化率和实际数据的年度转化率进行对比。不难发现,两组数据之间确实存在差异,这种差异并非巨大。因此,就年度转换率而言,模型的模拟情况良好。

表 5-6　实际和预测的年度转换率

单位:%

时期 t	时期 $t+1$							
	实际年度转换率				预测年度转换率			
	都不	仅出口	仅 CSR	都是	都不	仅出口	仅 CSR	都是
都不	80.8	3.4	15.3	0.5	74.9	10.8	23.1	2.1
仅出口	0.9	83.9	0	15.3	1.7	90.1	1.2	7
仅 CSR	13.2	0	82.4	4.4	9.8	0.3	77.2	12.7
都是	0	9.4	0	90.6	0	8.4	0.5	91.1

　　根据本小节的参数估计结果,我们可以得出结论:国内市场和国外市场的需求弹性分别为 -6.10 和 -4.03,需求弹性越大,对应的成本加成越小;资本存量的对数值的参数估计值为负,表示如果企业所具备的资本存量更高,那么能够降低边际生产成本;上一期的生产率对本期生产率的影响,其值非常大且接近于 1,说明两期生产率之间的关系是线性正相关的;上一期的 CSR 投资决策对本期生产率的影响,其值明显不接近于 0,这说明上一期的 CSR 投资能够解释部分的生产率进步,而且上一期 CSR 投资优秀的企业相比 CSR 投资一般的企业的生产率高出 1.5%;中国企业存在"边学边做"效应,给定其他条件,上一期出口的企业相比非出口企业的生产率提高 3.5%;出口决策和 CSR 投资决策对生产率不存在联合影响;γ_0 表示出口需求的增长,可得 2010—2013 年企业的出口需求的增长缓慢;γ_1 是出口需求的自回归参数,由均值 0.872 可知出口需求是存在持续性的;CSR 投资优秀的企业相比 CSR 投资一般的企业可以额外获得 3.2% 的出口需求增长,同理,具有出口决策的企业相较没有出口决策的企业可额外获得 4.9% 的出口需求增长;出口决策和 CSR 投资决策对出口冲击的交叉影响的估计值为正,表示 CSR 投资决策对出口需求的影响在出口企业中更为显著。

5.3　本章小结

考虑到声誉效应和成本效应可能存在交互影响,出口决策和 CSR 投资决策同时会内生地影响企业未来的生产率和出口需求。出口决策和 CSR 投资决策的关联通过以下机制实现:第一,随着企业生产率的提高,企业出口的回报率以及 CSR 投资的回报率是不断提高的,因此高效率的企业会自发地进入出口市场并且实施 CSR 投资;第二,企业出口规模的扩大,以及更好的社会责任形象都有可能提高企业生产率,继而间接提高第一种效应,并且循环往复;第三,企业未来的出口需求直接取决于社会责任形象,这主要是由蓝色贸易壁垒所导致的;第四,出口决策会影响 CSR 投资的收益率,CSR 投资也会影响企业出口的回报率;第五,企业的出口决策会直接影响企业是否增加 CSR 投资以满足进口商的社会责任要求的概率,而是否增加 CSR 投资也会直接影响企业出口的概率。在此基础上,第 5.1 节提出了一个动态结构理论模型。

第 5.2 节对第 5.1 节的动态结构模型进行实证检验,以两百余家上市工业企业为样本,分析了企业出口决策和 CSR 投资决策分别对生产率和出口需求的影响。参数估计值显示,企业不仅可以通过出口后的生产规模扩张提高生产率,还可以通过 CSR 投资决策提高生产率,分别提高 3.5％和 1.5％。但是,这两种渠道在中国企业的数据中没有表现出显著的联合作用。再从需求层面看,由于出口需求是存在持续性的,出口决策和 CSR 投资决策都会对出口需求产生正向的冲击,即导致出口需求增长 4.9％和 3.2％。因此,CSR 投资决策既能成为提高生产率的一种手段,又能通过需求增长保证企业利润。当生产率的提高或企业产品供给成本的降低足够大,或者消费者需求的增加足够明显时,与 CSR 投资决策相关的巨额固定成本和沉没成本是可以通过收益增长得到弥补的。因此,企业需要根据自身的资金约束状况和需求增长的比例衡量是否需要实施 CSR 投资决策。

第 6 章
最优社会责任投资和社会责任战略选择

企业社会责任(CSR)作为社会实现可持续发展的途径之一,越来越受到学界、政界以及商界的关注。越来越多的企业出于追求利润最大化以及获取市场竞争优势等多方面因素的考虑,自发成立专业 CSR 部门,向社会提供更多的公共物品(如公共基础设施建设),或消除由于企业经营和生产活动而产生的负的社会外部性(如采用环保技术或参与国际标准认证)。按照国资委要求,截至 2012 年年底,所有央企皆已发布企业社会责任报告。其中,近 90%的央企制定了长期的企业社会责任工作战略规划。因此,CSR 并非与企业利润目标相悖行的"乌托邦式幻想",它已逐渐成为企业在激烈的市场竞争中可采用的商业手段之一。

社会责任战略是企业为实现利润最大化而自发做出的选择。McWilliams 将 CSR 分为战略性的和非战略性的两种形式,本章研究的重点是前者,即战略性的 CSR。经济学家对于企业社会责任概念的批判,始于亚当·斯密,他认为企业首要的社会责任就是企业利润最大化。但随着商品经济和公共产品供给之间的矛盾不断扩大,企业单纯追求利润最大化的利己行为,已经严重导致资源分配的不均衡、生态环境的恶化以及市场经济秩序的混乱,并带来社会福利的损失。在这一背景下,McWilliams 和 Siegel

(2001)提出 CSR 是企业对社会负责任的经营活动,或者说 CSR 是以市场需求为导向的和由利润驱动的社会责任投资。因此,企业经营者应将 CSR 投入视为一种长期的企业经营战略,或战略性的企业社会责任。

通过构建 Hotelling 模型,内生化企业的 CSR 投资成本,企业可通过 CSR 战略作用于消费者偏好或者需求,引起企业间的价格和产品竞争格局的变化。模型刻画了企业价格竞争和消费者偏好转移的"企业-消费者-竞争企业"三者之间的战略互动行为,利用博弈论方法求解模型的纳什均衡。本章是在局部均衡中,分析社会责任战略对企业间的利润分配、市场分配和社会福利的影响。

本章的理论模型是第3章中关于声誉效应理论模型的基础模型。我们可以清楚地刻画客户和竞争对手这两个主要利益相关者的影响以及竞争性企业之间的互动关系,并阐明 CSR 投资数量如何由企业的生产效率和消费者偏好共同决定的内在机理。理论模型分析的结果表明,成本优势越大的企业越有动力采取 CSR 战略,以差异化的企业形象优势减缓激烈的价格竞争;而处于成本劣势的企业应主动采取 CSR 战略来转变价格劣势。当消费者对企业产品的偏好差异程度足够高,或需要投资的项目足够重要(即项目的投资成本非常高)的时候,两家企业同时采取 CSR 战略,对于两家企业而言都是占优策略。

本章试图回答以下问题:企业能否在承担更多的社会责任的同时实现利润最大化目标,也就是如何将有限的资金在生产和社会责任战略之间合理分配? 竞争性企业间的 CSR 投资是否会影响市场竞争格局?

6.1　Hotelling 竞争模型及均衡分析

本节对社会责任投资量和战略选择的讨论分两种情形:第一,两家企业的生产成本是相同的;第二,两家企业的生产成本是存在差异的。为了比较各种战略选择组合下的企业利润,首先将两家企业是否选择进行 CSR 投资看作外生给定,讨论两家企业在各种选择组合情形下的均衡结果;然后,对两种情形分别求解纳什均衡,将企业的 CSR 战略选择内生化。本节侧重于求解和均衡分析,具体表现为企业社会责任战略的选择。

6.1.1　假设和模型设定

假设国内市场的消费者均匀分布在一条长度为 1 的线性城市上,两家以"利润最大化"为目标的生产性企业分别记为 A 和 B,它们拥有相同的生产技术。其中,企业 A 的产品定位在端点 0,而企业 B 的产品定位在端点 1,两家企业均有能力供应整个市场。为不失一般性,我们在基本模型中假设两家企业生产的比较成本为 0[①]。假设每个企业启动给消费者带来额外效用为 q 的 CSR 项目,需要支付 $\gamma q^2/2$ 的固定生产成本,γ 可衡量企业实施 CSR 项目的社会平均效率(或社会平均的 CSR 技术转化效率)[②]。

在需求方面,消费者对于产品的偏好是存在横向差异的。位于点 $y \in [0,1]$ 的消费者可以向企业 A 购买商品,也可以向企业 B 购买商品,如果向企业 A(或企业 B)购买商品,需要支付商品的价格 p_A(或 p_B)和运输成本 ty^2[或 $t(1-y)^2$]。其中,y 和 $1-y$ 分别表示企业 A 和企业 B 的定位与消费者需求的差距,t 表示由上述心理差距引起的消费者效用损失的费率(或运输费率)。本章假设每个消费者具有单位需求,即每个消费者至多购买一个单位的商品。如果消费者选择从采取 CSR 战略的企业购买产品,则可以得到比从没有采取 CSR 战略的企业购买产品更高的效用 $q(>0)$,这一

---

　① 因为本书的研究着重比较两家企业的相对竞争优势以及市场占有情况,当企业生产技术和生产效率相同时,我们可以将其边际生产成本简化为 0 且不影响均衡结果。

　② 较高的社会平均 CSR 技术转化效率对应较小的 γ 值。

额外效用可解释为社会责任认同感或责任价值效应。如果企业 A 与企业 B 同时采取 CSR 战略,且分别承担 $q_A(>0)$ 和 $q_B(>0)$ 的社会责任,则任意消费者选择从企业 A(或企业 B)购买商品将获得 q_A(或 q_B)的额外效用。为保证所有具有社会责任水平偏好差异的消费者至少购买 1 单位的产品,我们假设每个消费者通过购买商品可以获得足够高的保留效用 s(即 $s>t+p$,p 表示消费者支付的商品价格,t 表示运输费率)。

我们考虑以下四阶段的博弈:在第一阶段中,两家企业同时决定是否履行社会责任,即是否采取 CSR 战略;在第二阶段中,两家企业同时决定各自的 CSR 投资额;在第三阶段中,企业 A 和企业 B 在观测到竞争企业的选择后,同时确定各自商品的零售价格 p_A 和 p_B;在第四阶段中,每个消费者在观察到两家企业的零售价格和社会责任履行情况以后,各自做出理性的购买决策。模型使用倒推法(backward induction method)求解。

在第四阶段中,边际消费者位于点 $x=(t-p_A+p_B+q_A-q_B)/(2t)$,他从企业 A 或者企业 B 购买商品是无差异的,因其支付的总价格(商品售价加上运输成本)是一样的。因此,位于 $[0,x]$ 区间内的消费者会选择到企业 A 购买商品,而位于 $[x,1]$ 区间内的消费者会选择到企业 B 购买商品。

在第三阶段中,每家企业制定相应的零售价格以最大化利润,公式为

$$\max_{p_A} \Pi_A(p_A,p_B) = p_A D_A - \gamma q_A^2/2 \tag{6.1}$$

$$\max_{p_B} \Pi_B(p_A,p_B) = p_B(1-D_A) - \gamma q_B^2/2 \tag{6.2}$$

6.1.2 最优社会责任投资

本小节分别在企业成本同质(或对称)和企业成本异质(或不对称)两种情形下,用博弈论的分析方法,对企业最优的社会责任投资策略加以分析。

（1）企业成本对称时的社会责任投资

情形 1：作为分析的起点，我们假设初始状态为两家企业均不采取 CSR 战略。我们用下标 00 表示这种情况，用上标 e 表示均衡。将 $q_{A,00} = q_{B,00} = 0$ 代入方程（6.1）和方程（6.2），经过对利润函数的最优化计算后，可得 $p^e_{A,00} = p^e_{B,00} = t$，在成本均为 0 的对称情况下，均衡时，两家企业的定价相同且均分市场和利润。因而，当两家企业均不采取 CSR 战略时，各自的均衡利润为：$\Pi^e_{A,00} = \Pi^e_{B,00} = t/2$。

情形 2：现在考虑只有其中一家企业采取 CSR 战略的情况。由于两家企业是完全对称的，不失一般性地，我们假设仅有企业 A 采取 CSR 战略，企业 B 不采取 CSR 战略（或者 $q_{A,10} \neq 0$ 且 $q_{B,10} = 0$），我们用下标 10 表示这种情形（下标 01 表示相反情形）。

为求解该子博弈的第三阶段均衡，首先是方程（6.1）和方程（6.2）分别对 p_A 和 p_B 求导并令其等于 0，则两家企业的均衡价格分别为 $p_{A,10} = \dfrac{t + q_{A,10}}{3}$ 和 $p_{B,10} = \dfrac{t - q_{A,10}}{3}$，代入企业 A 的利润函数后得

$$\Pi_{A,10} = [9t^2 + 6tq_A + (1 - 9t\gamma)q_A^2]/(18t) \tag{6.3}$$

第二阶段的均衡，可由方程（6.3）对 q_A 求导解出，或 $\dfrac{\partial \Pi_{A,10}}{\partial q_A} = 0 (q_A \geqslant 0)$，该子博弈的均衡结果见命题 1。

命题 1：如果仅有一家企业采取 CSR 战略（假设是企业 A），则企业 A 的社会责任履行情况、两家企业的均衡定价和利润如下：

①若 $1/9 \leqslant t\gamma \leqslant 2/9$[①]，则企业 A 承担的社会责任为 $q^e_{A,10} = \dfrac{3t}{-1 + 9t\gamma}$，而

---

① 本书只考虑企业启动正向的 CSR 项目（即严格假定 q 是大于 0 的），因为若 q 为小于 0 的数值，则不符合企业利润最大化的假设，企业不可能付出 $\gamma q^2/2$ 的固定成本的同时，却让消费者更加厌恶（因为 $q<0$）该企业的产品。所以 t 与 γ 的乘积必须大于 1/9，这由消费者偏好和企业利润最大化假设共同决定。

其产品定价为 $p^e_{A,10} = 3t\gamma q^e_{A,10}$；企业 B 因固有的市场份额丧失而被迫选择不生产，$p^e_{B,10} = 0$，利润为 0：$\Pi^e_{B,10} = 0$。此时，企业 A 垄断整个市场并获得垄断利润 $\Pi^e_{A,10} = 27t^2\gamma(-1+6t\gamma)/[2(1-9t\gamma)^2]$。

②若 $t\gamma > 2/9$，则企业 A 承担的社会责任是 $q^e_{A,10} = 3t/(-1+9t\gamma)$，产品定价 $p^e_{A,10} = 9t^2\gamma/(9t\gamma-1)$，获利 $\Pi^e_{A,10} = 9t^2\gamma/[2(9t\gamma-1)]$；而不履行社会责任的企业 B 的均衡价格和利润分别为 $p^e_{B,10} = t(9t\gamma-2)/(9t\gamma-1)$ 和 $\Pi^e_{B,10} = t(2-9t\gamma)^2/[2(1-9t\gamma)^2]$。

其中上标 e 表示均衡，命题 1 同样适用于仅有企业 B 采取 CSR 战略时的情况。

命题 1 表明，企业 A（或企业 B）的 CSR 投资由商品可替代程度 t 与社会责任投资效率 γ 的乘积共同决定。这里的 t 表示每个消费者为购买自己偏好的产品所必须支付的单位运费，可以理解为消费者对产品差异性的敏感程度，t 的数值越大，两家企业商品间的可替代性越低；γ 表示企业采取 CSR 战略的投资效率，γ 的数值越小，企业履行社会责任的成本也就越小，即企业的投资效率越高。在两家企业具有相同的 CSR 投资效率 γ 的条件下，企业选择承担的社会责任主要取决于商品可替代程度 t。

特别地，当 $t\gamma$ 处于区间 $[1/9, 2/9]$ 时，企业 A 可以通过单独采取 CSR 战略垄断市场。这里的现实含义是，如果两家企业产品之间的可替代性和 CSR 战略的投资效率能满足条件 $1/9 \leqslant t\gamma \leqslant 2/9$，则企业可以通过单方面地启动战略性 CSR 将竞争对手驱逐出市场。随着商品间的可替代性降低或 t 逐渐变大，企业愿意支付的 CSR 项目投资额减少，商品间的价格竞争减缓。不论 $t\gamma$ 的大小，通过比较两家企业达到均衡时的均衡利润，我们发现，采取 CSR 战略的企业的均衡利润总是高于不采取 CSR 战略的企业的均衡利润。

情形 3：若两家企业同时采取 CSR 战略（我们用下标 11 来表示这种情形）。在该子博弈的第三阶段，成本对称的企业 A 和企业 B 将会采用相同的定价策略，均分市场和利润。当求解第二阶段均衡时，将均衡价格

$p^e_{A,11} = p^e_{B,11} = t$ 代入企业 A 和企业 B 的利润函数后,分别对 q_A 和 q_B 求导并令其等于 0 后联立,可得:

命题 2:若企业 A 和企业 B 同时承担社会责任,$q^e_{A,11} = q^e_{B,11} = 1/(3\gamma)$,则企业 A 和企业 B 具有相同的市场份额 $D^e_{A,11} = D^e_{B,11} = 1/2$,均分市场利润 $\Pi^e_{A,11} = \Pi^e_{B,11} = (9t\gamma - 1)/(18\gamma)$。

综合上述三种情形及其相应的子博弈均衡结果,表 6-1 给出两家企业的"收益矩阵",我们利用剔除法求解第一阶段的纳什均衡结果,见命题 3。

表 6-1 两家企业社会责任投资的收益矩阵

假设一:若 $1/9 \leqslant t\gamma \leqslant 2/9$

企业和策略		企业 A	
		不投资 $q_A = 0$	投资 $q_A \neq 0$
企业 B	不投资 $q_B = 0$	$\Pi^e_{A,00} = t/2$, $\Pi^e_{B,00} = t/2$	$\Pi^e_{A,10} = \dfrac{27t^2\gamma(-1+6t\gamma)}{2(1-9t\gamma)^2}$, $\Pi^e_{B,10} = 0$
	投资 $q_B \neq 0$	$\Pi^e_{A,01} = 0$, $\Pi^e_{B,01} = \dfrac{27t^2\gamma(-1+6t\gamma)}{2(1-9t\gamma)^2}$	$\Pi^e_{A,11} = (9t\gamma-1)/(18\gamma)$, $\Pi^e_{B,11} = (9t\gamma-1)/(18\gamma)$

假设二:若 $t\gamma \geqslant 2/9$

企业和策略		企业 A	
		不投资 $q_A = 0$	投资 $q_A \neq 0$
企业 B	不投资 $q_B = 0$	$\Pi^e_{A,00} = t/2$, $\Pi^e_{B,00} = t/2$	$\Pi^e_{A,10} = \dfrac{9t^2\gamma}{2(9t\gamma-1)}$, $\Pi^2_{B,10} = \dfrac{t(2-9t\gamma)^2}{2(1-9t\gamma)^2}$
	投资 $q_B \neq 0$	$\Pi^e_{A,01} = \dfrac{t(2-9t\gamma)^2}{2(1-9t\gamma)^2}$, $\Pi^2_{B,01} = \dfrac{9t^2\gamma}{2(9t\gamma-1)}$	$\Pi^e_{A,11} = \dfrac{9t\gamma-1}{18\gamma}$, $\Pi^e_{B,11} = \dfrac{9t\gamma-1}{18\gamma}$

命题 3:当两家企业成本对称时,CSR 投资决策的博弈有两个均衡结果:①若 $t\gamma < 2/9$,则两家企业均不采取 CSR 战略;②若 $t\gamma \geqslant 2/9$,则两家企业同时采取 CSR 战略。

在命题 3 中，对于两家企业均不采取 CSR 战略的情形，我们应当进一步区分为两种情况来讨论。当 $t\gamma \leqslant 1/9$ 时，因为不满足企业的社会责任投资一定非负（$q \geqslant 0$）的假设条件，所以两家企业选择不采取 CSR 战略；当 $1/9 < t\gamma \leqslant 2/9$ 时，产品的差异程度较低或 CSR 的投资效率较高，如果只有一家企业启动 CSR 而另一家企业选择不启动，则选择采取 CSR 战略的企业将会垄断整个市场。但是，垄断利润依然低于初始均衡利润 $t/2$[①]，因而，以利润最大化为目标的企业均没有偏离初始均衡的动力，竞争格局没有任何变化。

当 $t\gamma \geqslant 2/9$ 时，两家企业产品间的可替代性或者 CSR 投资效率非常低，两家企业的占优策略均衡为（承担，承担）。与初始均衡利润相比，两家企业的利润都会遭受 $1/(18\gamma)$ 的损失，但是这种利润损失随着 γ 的增加而逐渐降低。当 $t\gamma \geqslant 2/9$ 时，任一企业均无偏离纳什均衡结果的动力。以企业 A 为例，当 $t\gamma \geqslant 2/9$ 时，若企业 A 偏离均衡，则只能获得小于 $\Pi^e_{A,11}$ 的利润 $\Pi^e_{A,01}$；同时，企业 B 一定会选择启动 CSR 战略，以获得高于 $\Pi^e_{B,10}$ 的利润 $\Pi^e_{B,11}$。由此可见，企业 A 没有偏离纳什均衡的动力，因为撤回 CSR 投资会给企业 A 造成巨大的利润损失 $\Delta\Pi_A = \Pi^e_{A,11} - \Pi^e_{A,01}$。同样地，企业 B 也没有动力偏离上述纳什均衡结果，命题 3 的均衡是稳定的。

命题 3 的现实意义是当 CSR 投资效率非常低（或 CSR 项目的启动成本非常高）时，企业能够通过 CSR 战略的实施树立正面、健康的品牌形象，提高具有社会责任感的消费者的忠诚度。在对称市场中，企业出于追求利润最大化，都应该选择承担相应程度的社会责任。当消费者对企业的社会责任形象并不敏感（$t\gamma$ 的数值小于 2/9），或消费者对产品价格和运输成本更敏感时，企业就不应当实施 CSR 战略，因为 CSR 项目提供的额外效用尚不足以弥补单位产品价格提升而支付的额外成本（$p^e_{A,10} - p^e_{A,00} > q^e_{A,10}$）。事实

---

① 在上述情形中，垄断利润低于双寡头竞争均衡利润是由 Hotelling 模型的市场规模限制所造成的。

上,消费者对产品差异性的偏好在短时间内是固定不变的(即 t 是给定的),在这种情况下,只有那些所需投资成本较高以及难度较高的 CSR 项目,才能够保证企业在履行社会责任的同时赢得更多的市场关注和公司利润。

(2)企业成本不对称时的社会责任投资

事实上,完全对称的情况是极其理想化的,更常见的情况是竞争企业之间的成本是存在差异的。为简化计算且不失一般性,我们假定企业 A 具有成本优势,边际生产成本为 0。由于技术差距和生产效率等因素,企业 B 处于相对成本劣势,具有正的边际生产成本($c>0$)。其他的假设与基本模型保持一致。上标 ee 表示存在成本差异时的均衡解。

采用倒推法求解,第四阶段的博弈结果与基本模型不变,在第三阶段中,两个厂家各自制定价格策略以满足其利润最大化的目标,即

$$p_A^{ee} \in \underset{p_A}{\text{Arg max}} \Pi_A(p_A, p_B) = p_A D_A - \frac{\gamma q_A^2}{2} \tag{6.4}$$

$$p_B^{ee} \in \underset{p_B}{\text{Arg max}} \Pi_B(p_A, p_B) = (p_B - c)(1 - D_A) - \frac{\gamma q_B^2}{2} \tag{6.5}$$

与基本模型求解方法保持一致,给定两家企业是否采取 CSR 战略,在第二阶段中,厂家决定各自最优的社会责任承担程度的公式为

$$q_A^{ee} \in \underset{q_A}{\text{Arg max}} \Pi_A = p_A^{ee} D_A - \frac{\gamma q_A^2}{2} \tag{6.6}$$

$$q_B^{ee} \in \underset{q_B}{\text{Arg max}} \Pi_B = (p_B^{ee} - c)(1 - D_A) - \frac{\gamma q_B^2}{2} \tag{6.7}$$

其中,p_A^{ee} 和 p_B^{ee} 由方程(6.4)和方程(6.5)得到。

我们将在第一阶段采用剔除法求解纳什均衡。为保证市场竞争是双寡头垄断的,我们将企业 B 的边际生产成本控制在 $c \in (0, 3t)$[①],给定两家企业

---

① 当 $t>0$ 且 $c \in (0, 3t)$ 时,企业 A 的定价 $p_{A,00}^{ee}$ 总是低于企业 B 的定价 $p_{B,00}^{ee}$,企业 A 的市场需求(即市场份额或市场占有率)$D_{A,00}^{ee}>1/2$,且均衡利润 $\Pi_{A,00}^{ee}$ 总是大于 $\Pi_{B,00}^{ee}$。

的战略组合，表6-2给出它们的收益矩阵。

表6-2　成本存在差异的企业的社会责任投资收益矩阵

假设一：若 $1/9\leq t\gamma\leq 2/9$

企业和策略		企业A	
		不投资 $q_A=0$	投资 $q_A\neq0$
企业B	不投资 $q_B=0$	$\Pi_{A,00}^{ee}=\dfrac{(c+3t)^2}{18t}$, $\Pi_{B,00}^{ee}=\dfrac{(c-3t)^2}{18t}$	$\Pi_{A,10}^{ee}=\dfrac{\gamma(c+3t)[c+9t(1-6t\gamma)]}{2(1-9t\gamma)^2}$, $\Pi_{B,10}^{ee}=0$
	投资 $q_B\neq0$	①如果 $0<c<(9t\gamma-2)/(3\gamma)$, $\Pi_{A,10}^{ee}=0$, $\Pi_{B,10}^{ee}=-\dfrac{\gamma(c-3t)[c+9t(6t\gamma-1)]}{2(1-9t\gamma)^2}$; ②如果 $(9t\gamma-2)/(3\gamma)\leq c<3t$, $\Pi_{A,01}^{ee}=\dfrac{t(-2+3c\gamma+9t\gamma)^2}{2(1-9t\gamma)^2}$, $\Pi_{B,01}^{ee}=\dfrac{\gamma(c-3t)^2}{2(9t\gamma-1)}$	$\Pi_{A,11}^{ee}=\dfrac{(9y\gamma-1)(3c\gamma+9t\gamma-2)^2}{18\gamma(2-9t\gamma)^2}$, $\Pi_{B,11}^{ee}=\dfrac{(9t\gamma-1)(3c\gamma-9t\gamma+2)^2}{18\gamma(2-9t\gamma)^2}$

假设二：若 $t\gamma\geq 2/9$

企业和策略		企业A	
		不投资 $q_A=0$	投资 $q_A\neq0$
企业B	不投资 $q_B=0$	$\Pi_{A,00}^{ee}=\dfrac{(c+3t)^2}{18t}$, $\Pi_{B,00}^{ee}=\dfrac{(c-3t)^2}{18t}$	①如果 $0<c<(9t\gamma-2)/(3\gamma)$, $\Pi_{A,10}^{ee}=\dfrac{\gamma(c+3t)^2}{-2(9t\gamma-1)}$, $\Pi_{B,10}^{ee}=\dfrac{t(2+3c\gamma-9t\gamma)^2}{2(1-9t\gamma)^2}$; ②如果 $(9t\gamma-2)/(3\gamma)\leq c<(3t)$, $\Pi_{A,10}^{ee}=\dfrac{\gamma(c+3t)[c+9t(1-6t\gamma)]}{2(1-9t\gamma)^2}$, $\Pi_{B,10}^{ee}=0$
	投资 $q_B\neq0$	$\Pi_{A,01}^{ee}=\dfrac{t(-2+3c\gamma+9t\gamma)^2}{2(1-9t\gamma)^2}$, $\Pi_{B,01}^{ee}=\dfrac{\gamma(c-3t)^2}{2(9t\gamma-1)}$	$\Pi_{A,11}^{ee}=\dfrac{(9t\gamma-1)(3c\gamma+9t\gamma-2)^2}{18\gamma(2-9t\gamma)^2}$, $\Pi_{B,11}^{ee}=\dfrac{(9t\gamma-1)(3c\gamma-9t\gamma+2)^2}{18\gamma(2-9t\gamma)^2}$

当两家企业均无 CSR 投资时,均衡价格为 $p_{A,00}^{e*} = (c+3t)/3$ 和 $p_{B,00}^{e*} = (2c+3t)/3$,具有成本优势的企业 A 以低于竞争对手的市场定价占有大部分的市场份额和更多的销售利润。

采取 CSR 战略后,产品所具有的 CSR 特征可以作为成本优势企业除成本优势以外的另一种竞争优势,即 CSR 项目可以成为企业 A 垄断市场的一种手段,从而在市场竞争中发挥重要的战略作用。若仅有成本优势企业 A 采取 CSR 战略,则企业 A 最优的社会责任承担是其成本优势 c 的增函数,即企业成本优势越明显,其意愿投资量就越大。通过比较产品的价格,我们还发现,企业 A 在采取 CSR 战略后,会向消费者收取更高的价格。也就是说,企业 A 实施 CSR 的成本将会部分转移给消费者,同时逼迫竞争对手降低商品价格。

因此,从资金层面上来看,具有成本优势的企业更有能力进行 CSR 投资,在这种情况下,成本劣势企业的利润会被优势企业进一步吞噬。那么,劣势企业能否通过承担企业社会责任赢得消费者的青睐,以减轻或者扭转其劣势局面呢?

表 6-2 说明,即使是处于成本劣势的企业,也可通过 CSR 战略从消费者效用提升方面改善原有的成本劣势,在市场条件合适的情况下,甚至可能出现企业 B 垄断整个市场的情况[①]。但是,企业 B 的成本劣势内生地决定了该企业只能承担较少的社会责任。需要特别注意的是,企业 B 获得的垄断利润可能小于初始均衡利润,也可能大于初始均衡利润[②]。具体表现为,当

---

① 在同时满足 $1/9 \leqslant t\gamma \leqslant 2/9$ 和 $0 \leqslant c < (2-9t\gamma)/(3\gamma)$ 的条件下,只要劣势企业的 CSR 项目能够给消费者提供足够大的额外效用 $q_{B,01}^{e*} = 3t/(9t\gamma-1)-c$,那么,市场中的所有消费者都会选择购买具有社会责任的企业 B 的产品,从而企业 B 垄断市场。

② 例如,当 $1/9 < t\gamma < (\sqrt{5}+1)/18$ 且 $0 < c < \bar{c}[\bar{c} = (3t+27t^2\gamma-243t^3\gamma^2)/(1-9t\gamma+81t^2\gamma^2)]$ 时,劣势企业所获得的垄断利润 $\Pi_{B,01}^{M} = \{-(c-3t)\gamma[c+9t(-1+6t\gamma)]\}/[2(1-9t\gamma)^2]$ 小于其初始均衡利润 $\Pi_{B,00}^{e*} = (c-3t)^2/(18t)$。

产品的可替代性较高或生产成本差异较小时,劣势企业能通过 CSR 战略垄断市场,但是会遭遇一定程度的利润损失;在产品的可替代性降低且生产成本差异不断扩大的背景下,企业 B 单方面实施 CSR 战略不但能够逼迫其竞争对手退出市场,还能获得高于初始状态的垄断利润。

命题 4：若两家企业均实施 CSR 战略,则具有成本优势的企业将承担更多的社会责任,其 CSR 最优投资量是成本差异 c 的增函数。

无论从经济意义还是道德层面上考虑,具有成本优势的企业都应该承担更多的社会责任。通过将 $q_{A,11}^{*}$ 和 $q_{B,11}^{*}$ 分别对成本差异 c 求偏导,不难发现,优势企业的 CSR 投资量会随着成本优势的扩大(c 增加)而增加,而劣势企业的 CSR 投资量则会随着成本优势的扩大而减少。由于企业的社会责任投资量是根据企业的生产能力以及产品的差异程度内生决定的,所以成本优势越大的企业越倾向于更多地投资以市场为导向的 CSR 项目,借此树立有责任感的社会形象,提高对消费者的品牌吸引力,以增大两家竞争企业间的差异化程度,即用品牌形象竞争优势代替部分传统的成本竞争优势。

6.1.3　纳什均衡:社会责任战略选择

当企业的边际生产成本非对称时,纳什均衡结果取决于优势企业和劣势企业间的边际生产成本差异 c,具体见命题 5 和图 6-1。

命题 5：

①当 $1/9 < t\gamma < (\sqrt{5}+1)/18$ 时,若 $0 < c < \tilde{c}$[①],则两家企业同时选择不承担社会责任;若 $\tilde{c} < c < 3t$,则两家企业同时选择承担社会责任。

②当 $(\sqrt{5}+1)/18 \leqslant t\gamma < 2/9$ 时,两家企业同时采取 CSR 战略。

③当 $t\gamma \geqslant 2/9$ 时,若 $0 \leqslant c < t - 2/(9\gamma)$,则两家企业同时承担社会责任;若

---

①　$\tilde{c} = (3t + 27t^2\gamma - 243t^3\gamma^2)/(1 - 9t\gamma + 81t^2\gamma^2)$。

$t-2/(9\gamma)\leqslant c<2t-4/(9\gamma)$或 $3t-2/(9\gamma)<c\leqslant 3t$,则优势企业承担社会责任,而劣势企业退出市场;若 $2t-4/(9\gamma)<c\leqslant 3t-2/(9\gamma)$,则仅有劣势企业承担社会责任。

命题 5 表明,在边际生产成本非对称的情形下,CSR 项目决策博弈同时与产品差异化程度和成本差异有关。当 $t\gamma\leqslant 1/9$ 时,两家企业的意愿投资额为非正的,因而两家企业均不会采取 CSR 战略。随着产品的可替代性升高($1/9<t\gamma<(\sqrt{5}+1)/18$),生产成本差异小于 $\tilde{c}$ 时,两家企业均不考虑 CSR 战略。因为若企业 A(或企业 B)偏离纳什均衡,单方面地采取 CSR 战略,虽能帮助企业扩大市场份额并获得垄断利润,但该垄断利润小于纳什均衡利润($\Pi_{A,10}^{\alpha}\leqslant\Pi_{A,00}^{\alpha}$ 且 $\Pi_{B,10}^{\alpha}\leqslant\Pi_{B,00}^{\alpha}$),以利润为驱动的企业没有偏离的动力。然而,当两家企业的成本差异扩大为 $[\tilde{c},3t]$ 内,优势企业就会主动通过社会责任投资提升企业形象,提高产品价格以获得更高的利润,而劣势企业为保住市场份额也会主动参与 CSR 投资。成本优势越大的企业就越有能力和动力将成本优势转变为企业品牌的社会形象优势,着力于消费者评价的提升以攫取更多的市场份额;与此同时,劣势企业为保留客户而采取防御性的 CSR 战略。纳什均衡一经达到,两家企业均没有偏离的动力,因为偏离均衡会给企业造成利润损失。由此可见,优势企业在履行社会责任方面的引领作用非常重要,劣势企业出于丢失市场份额的顾虑而跟随优势企业主动投资 CSR 项目。

为了更形象地揭示企业的生产效率差异与 CSR 投资意愿之间的关系,并归纳上述的讨论结果,我们将单位运输成本 t 标准化为 1,从而得到两家企业博弈的纳什均衡结果(见图 6-1)。

图 6-1 中,x 轴表示企业实施 CSR 战略的投资效率,而 y 轴表示企业间的边际生产成本差异 c。其中,区域 A 表示两家企业均不采取 CSR 战略,而区域 B,D,E 则表示两家企业同时采取 CSR 战略;在区域 C 和区域 G 内,仅有成本劣势企业单独采取 CSR 战略且能够获得垄断利润;区域 F 和区域 H

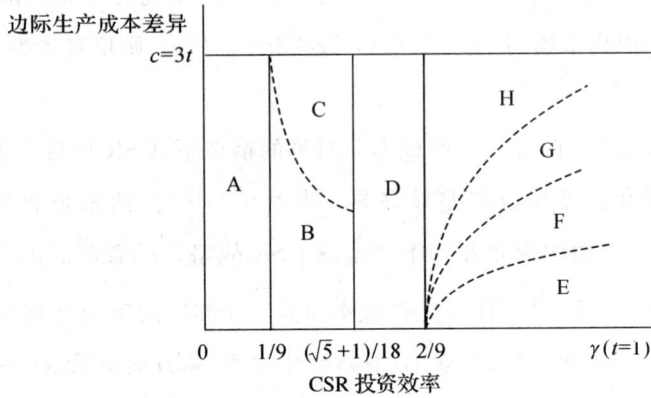

图 6-1　在非对称情况中,边际生产成本差异与 CSR 投资效率的关系

表示具有成本优势的企业单独采取 CSR 战略,并且能够将成本劣势企业逐出市场。

6.2　产品市场竞争和社会福利

第 6.1 节讨论了企业成本对称和非对称两种情形下的社会责任战略选择。利用第 6.1 节计算得到的价格、需求量和利润,本节综合比较和分析社会责任战略的选择对竞争格局、市场占有率和利润分配的影响,然后将纳什均衡下的社会福利进行比较。

6.2.1　竞争格局、市场占有率与利润分配

在企业成本存在差异的条件下,与初始均衡状态(即两家企业均无 CSR 项目)相比,下面讨论 CSR 项目投资将会如何影响市场的竞争格局(命题 6)、企业各自的市场份额和均衡利润(命题 7)。

命题 6:①当竞争产品的可替代性较低($1/9 < t\gamma < 2/9$)时,两家同时启

动 CSR 战略不会改变初始均衡的竞争格局;②当产品的可替代性足够高
$(t\gamma>2/9)$且成本差异适中$[2(9t\gamma-2)/(9\gamma)\leqslant c<(9t\gamma-2)/(3\gamma)]$时,成本
劣势企业可通过 CSR 战略垄断市场;③产品的可替代性足够高且成本差异
较小$[t-2/(9\gamma)\leqslant c<2t-4/(9\gamma)]$或足够大$[3t-2/(3\gamma)\leqslant c<3t]$时,成本优势
企业可通过 CSR 战略垄断市场。

需要注意的是,在 $t-2/(9\gamma)\leqslant c<2t-4/(9\gamma)$ 或 $3t-2/(3\gamma)\leqslant c<3t$ 的
条件下,优势企业垄断市场的形成机制是不一样的。当成本差异相对较小
时,两家企业均实施 CSR 战略,成本优势企业相较劣势企业向消费者提供
更多的额外效用$(q^{ec}_{A,11}>q^{ec}_{B,11})$,成功侵入劣势企业市场,最终实现市场垄断。
企业 A 能够获得的垄断利润总是大于初始均衡利润 $\Pi^{ec}_{A,00}$。当企业 A 的成
本优势足够大$[3t-2/(3\gamma)\leqslant c<3t]$时,优势企业更希望将成本优势转变为
可持续发展的品牌优势。随着成本优势的增加,优势企业主动承担更多的
社会责任[1],从而迫使劣势企业降低销售价格。当销售价格小于边际生产成
本时,处于成本劣势和形象劣势的企业会主动退出市场。

命题 7:企业战略性地投资 CSR 项目,可改变两家企业间的利润分配以
及市场份额(或市场占有率)。具体地:

①若两家企业都不采取 CSR 战略(初始均衡),具有成本优势的企业 A
可以通过更低的定价策略获得 50% 以上的市场份额,以及更高的均衡
利润。

②若仅有成本优势企业(即企业 A)采取 CSR 战略,而成本劣势企业 B
不采取 CSR 战略。当且仅当 $t\gamma>1/9$ 时,企业 A 的市场份额较初始均衡时
扩大,且其均衡利润高于初始均衡利润。

③若仅有成本劣势企业(即企业 B)单方面采取 CSR 战略,而成本劣势

---

①　因为$\dfrac{\mathrm{d}\mathrm{d}q}{\mathrm{d}c}=\dfrac{\mathrm{d}(q^{ec}_{A,11}-q^{ec}_{B,11})}{\mathrm{d}c}=\dfrac{2c}{(2-9t\gamma)^2}>0$。

企业 A 不采取 CSR 战略。当且仅当 $t\gamma>1/9$ 时,企业 B 的市场份额一定会大于初始均衡时的市场份额;随着成本差异逐渐减小至 $c\in[0,1/3\gamma]$,企业 B 可以通过 CSR 项目投资,侵入企业 A 原有的市场,获得 50% 以上的市场份额。

④若两家企业同时选择采取 CSR 战略,当且仅当 $t\gamma>2/9$ 且 $0<c<2(9t\gamma-2)/(9\gamma)$ 时,企业 A 可获得大于初始均衡时的市场份额;当 $t>2/(9\gamma)$ 时,企业 A 的均衡利润总是高于企业 B 的均衡利润。

当企业间产品的可替代性非常低或者消费者非常偏好高成本的 CSR 项目[如 $t\gamma>2/9$ 且 $3t-2/(3\gamma)\leqslant c<3t$]时,劣势企业可通过 CSR 项目扭转成本劣势,获取更大的市场份额和更高的利润。此时,企业 A 为避免恶性价格竞争,同样也会进行 CSR 项目投资。但是,如果市场上的消费者对产品价格的敏感程度高于其对企业社会责任履行的要求,则企业 A 反而会因过度的社会责任承担而大幅度提价,导致原有市场份额的丢失。现实意义是,当成本差异不显著并且消费者对 CSR 的需求非常强烈时,劣势企业完全可以通过战略性的 CSR 项目获取更多的市场份额,甚至将优势企业逼出市场。由此可见,投资 CSR 项目作为企业的策略性行为,与创新技术研发一样,均可以帮助企业达到阻止新企业进入市场和逼退竞争对手的目的。

6.2.2 社会福利分析

在经济意义上,CSR 投资是私人部门代替政府部门行使提供公共物品的职能。但是,以利润为驱动的 CSR 投资能够有效解决市场失灵,提高社会福利吗?战略性的 CSR 项目将如何影响社会福利?下面我们将通过博弈前后的社会福利比较来回答上述问题。

首先,社会福利主要由消费者剩余(CS)和企业利润总和($\Pi_A+\Pi_B$)两部分组成,消费者剩余、社会总福利的公式为

$$CS = s + \int_0^{\hat{x}} (q_A - p_A - tx^2)\mathrm{d}x + \int_{\hat{x}}^1 \left[q_B - p_B - t(1-x)^2 \right]\mathrm{d}x$$

$$(6.8)$$

$$W = CS + \Pi_A + \Pi_B \tag{6.9}$$

成本对称的初始均衡中，代入 $q_1 = q_2 = 0$ 后，边际消费者位于市场的中心位置，企业 A 拥有一半的市场份额。将情形 1 中的均衡价格代入方程 (6.8) 和方程 (6.9)，可得初始均衡时的社会福利水平为 $W_{00}^e = s - t/12$。在成本对称的条件下，我们再计算两家企业同时采取 CSR 战略时的社会福利，将情形 4 的均衡价格和 CSR 投资额分别代入方程 (6.8) 和方程 (6.9)，此时的社会福利水平为 $W_{11}^e = s + (8 - 3t\gamma)/(36t\gamma)$。

命题 8：在不存在企业垄断市场的情况，即 $t\gamma > 1/9$ 时，两家企业均实施 CSR 战略时的社会福利水平（W_{11}^e）总是大于均不启动 CSR 战略时的社会福利水平（W_{00}^e）。

将命题 8 结合命题 3，我们发现，当 $t\gamma \geqslant 2/9$ 时，两家企业必然均选择实施 CSR 战略，在实现企业利润最大化的同时，达到改善社会福利的目的。此时，从全社会"成本-收益"角度考虑，消费者从消费具有 CSR 特征的产品中得到的效用提升能够超过企业为此支付的 CSR 投资成本，从而改善社会福利。还有一点，当企业成本完全对称时，企业无法通过提高价格的方法转移 CSR 项目成本，消费者剩余必然增加。成本对称情形中，若两家企业的 CSR 项目的效率非常高，则相比两家企业均不启动 CSR 时的情形，两家企业同时采取 CSR 战略所产生的社会福利增加效应越显著，因为 $\Delta W = W_{11}^e - W_{00}^e$ 是效率系数（γ）的减函数。

类似地，在成本非对称情形下，若两家企业均不考虑 CSR 战略，则均衡的社会福利水平为 $W_{00}^{ee} = (s + 5c^2 - 18ct - 3t^2)/(36t)$；若两家企业均选择实施 CSR 战略，则均衡的福利水平为 $W_{11}^{ee} = s - \left[9c^2\gamma^2(4 - 45t\gamma) + 18c\gamma(2 - 9t\gamma)^2 + (2 - 9t\gamma)^2(-8 + 3t\gamma) \right]/\left[6\gamma(2 - 9t\gamma)^2 \right]$。通过比较 W_{11}^{ee} 和

W_{00}^{e},我们发现,只要 γ 非负,两家企业都选择启动 CSR 达到的均衡的社会福利水平 W_{11}^{e},总是大于两家企业均不启动 CSR 能获得的社会福利水平 W_{00}^{e}。成本差异不会改变对称情形中的结论,企业做 CSR 项目投资确实可以改进社会福利。此时,企业自愿投资 CSR 项目或者提供公共物品,是从利润最大化的目的出发,以消费者感知的改进和单位消费效用的增加为动力,CSR 项目的投资量是内生决定的。在产品差异化程度较高的行业中,市场竞争会引导企业更多地投资 CSR 项目;在企业产品的差异不明显,或是信息透明度较低的行业中,需要政府引导优势企业首先投资 CSR 项目,同时,政府可以通过公民社会责任意识的培训提高消费者对责任企业和责任商品的认识,提升企业家的道德认识水平,外在地迫使劣势企业和新进入的企业进行社会责任投资。

6.3　本章小结

本章重点关注的是企业和竞争对手之间的互动关系,CSR 战略选择是内生的,由消费者偏好、企业的生产成本差异以及 CSR 投资成本共同决定。基础模型是在 Hotelling 模型的框架下引入两家竞争性企业,用博弈论的方法分析它们在生产和销售差异化产品的同时,决定是否要采取战略性的 CSR 投资。本章综合考虑了企业的生产成本差异和消费者偏好对两家竞争性企业的 CSR 投资决策和最优投资额的影响,以及它们在产品定价、市场份额和利润分配等方面展开的竞争互动。

研究表明,企业社会责任投资或 CSR 战略投资有助于成本优势企业扩大市场份额。在成本优势足够大的条件下,优势企业在保有足够的利润空间采取 CSR 战略的同时,通过提供更受消费者偏好的产品并制定更高的销售价格而获得超额利润。CSR 投资也可作为成本劣势企业的战略行为,若优势企业不采取 CSR 战略,则劣势企业的劣势将得到扭转,在成本劣势较小的情况下,劣势企业甚至可能因为消费者对 CSR 产品更高的评价而将优势企业驱逐出市场;若劣势企业和优势企业同时采取 CSR 战略,则竞争格局(市场份额和利润分配)会随着双方社会投资额的多少以及消费者对企业社会责任投资水平的评价同时发生变化;若优势企业采取 CSR 战略投资而劣势企业不采取 CSR 战略投资,则劣势企业会在成本和社会形象两个方面都遭到负面的冲击,利润空间进一步遭受压缩甚至被逼出市场,因而在市场经济条件和生产条件允许的情况下,对于劣势企业来说,启动最优投资额的战略性 CSR 项目可以保证自己的利润空间不会因为竞争企业的良好社会形象而受到压迫。

也就是说,CSR 战略可以帮助企业克服成本劣势或巩固成本优势,帮助企业攫取更大的市场份额;CSR 战略还可以缓解由成本竞争引起的价格竞争,通过吸引具有相同价值取向或对 CSR 战略具有较高评价的消费者,实现企业间可持续的"绿色竞争"。

通过对社会福利的分析,由于私营企业提供公共物品是需要成本的,所以企业的社会责任投资能够提高社会福利水平;并且,随着投资成本的提高或资本投资效率的降低,社会福利水平的增加值将增大。在企业产品的差异化程度较高的行业中,市场竞争会引导企业自发地投资 CSR 项目;而在企业产品的差异化程度较低,或是信息透明度较低的行业中,则需要政府引导优势企业牵头 CSR 项目投资,迫使劣势企业和新进入的企业进行社会责任投资,以实现社会福利水平的提高。

第 7 章
基本结论与政策建议

7.1 研究结论

本书讨论了最优社会责任投资的决策过程及其对出口决策、生产率和出口需求的影响,并检验了社会责任战略和出口企业价值、资本市场表现的关系。首先,本书运用产业组织理论常用的 Hotelling 模型搭建了一个包含企业和消费者、企业和企业互动的基本理论模型。在不考虑其他效应的情况下,分析企业的 CSR 战略选择和最优投资额。然后,将 CSR 战略对企业的利润影响概括为声誉效应和成本效应,以及两种效应的交互作用。对声誉效应的分析是在 Hotelling 基本模型上加入声誉效应,讨论 CSR 战略在声誉效应的扩大下对市场和利润分配的作用。成本效应的分析是借鉴 Melitz(2003)的两国贸易模型,讨论了当社会责任战略的成本降低作用不确定的时候,企业的出口决策、预期国内销售额和出口销售额是如何随着贸易自由化进程的推进而发生变化的。声誉效应和成本效应引致的生产率和出口需求变化之间可能存在动态演变,而生产率和出口需求变化同时会对企业收益产生影响。反过来,企业通过权衡出口决策和 CSR 投资决策所形成的未来收益预期,对企业当期的决策过程产生影响。因为出口企业既要面对国内消费者也要面对国外消费者,因此,本书以出口企业为样本检验了声誉效应在出口企业中的存在性;以上市工业企业为样本,运用蒙特卡罗方法模拟需求冲击过程,分别估算出口决策和 CSR 战略决策对生产率和出口需求的作用,也就是估算声誉效应和成本效应的大小;通过包含声誉效应和成本效应两种效应的动态结构模型,采用中国上市工业企业数据对这两种效应进行实证检验。最后,基于以上分析,本书提出通过比较企业实施社会责任战略的收益矩阵来提供决策方式,保证企业能够兼顾社会责任和公司利润,并以社会责任战略作为提高消费者效用和需求的手段。本书中的声誉效应部分是给定成本,仅考虑声誉效应对利润和市场竞争的影响;成本效应部分是给定声誉效应,仅考虑成本效应对出口决策和预期产出的影响。

7.1.1　CSR 战略对出口企业影响的机理总结

CSR 战略对出口企业利润的影响既可以源于声誉效应调节下的需求增加,又可以源于企业生产成本的降低。声誉效应对需求的调节必须通过市场营销手段实现,而成本效应在初始时是存在不确定性的。

给定不存在成本效应,单独对声誉效应进行分析,结果显示:产品的声誉效应主要通过企业间的声誉水平差距来影响消费者的消费行为,从而间接影响 CSR 战略选择。如果两家企业的声誉都非常好,即声誉效应水平较高,则两家企业因为已经拥有较高的消费者认同,所以不太会愿意进行有利于质量提升的 CSR 投资;如果两家企业的声誉都不太好,则质量声誉作为企业竞争力的作用非常明显,企业会争相开展 CSR 投资;如果一家企业的声誉不太好,而另一家企业的声誉却非常好,则两家企业也会选择不进行 CSR 投资。

给定不存在声誉效应,单独对成本效应进行分析,引入成本效应的不确定性后,结果显示:生产率相对比较高的企业会选择出口,而仅有生产率最高的那部分的企业才会同时选择出口和 CSR 投资。更重要的是,CSR 战略能否创造利润(或 CSR 战略的选择)主要还是取决于其能否引致足够大的需求增长。这是因为只有 CSR 战略的成本效应引致的成本降低的边际收益必须足以补偿实施 CSR 战略所产生的投资成本。在贸易自由化的过程中,国内生产阈值是提高的,而出口阈值是降低的,即国内竞争加剧而出口难度降低。出口阈值的变化会导致市场内企业数量的变化(内生市场结构中)或市场份额分配的变化(固定市场结构中)。除此之外,进口竞争预期会对企业的预期国内产出、预期出口和预期总产出产生影响。具体的:若企业是同质的,贸易自由化程度的增加会导致企业出口量增加,在国内市场的产量减少,国内外的总销售量增加,CSR 投资增加;若市场是自由进入的,那么市场上的企业数量将会增加。若企业是异质的且市场是非自由进入的,贸易自由化程度的增加可能导致:企业预期出口量增加;当贸易成本非常高时,国内销售预期减少,企业预期总产出不确定,CSR 投资减少,行业生产率提高;当贸易成本非常低时,企业预期总产出增加,CSR 投资增加,行业生产率提高。若企业是异质的且市场结构是内生的,贸易自由化能够提高企业出口量的期望值,降低国内销售量的期望值;当贸易成本比较高时,企业总产量的期望增加,企业数量和社会责任投资总量减少,行业生产率提高;当贸易成本比较低时,企业数量和社会责任投资总量增加,行业生产率提高。

声誉效应对需求产生直接影响,而成本效应对生产率有直接影响,生产率和需求之间的动态关联允许我们通过构建动态结构模型的方式将其放在同一框架下,将两种决策分别对生产率和出口需求的作用进行分解,并分析其对企业收益的边际影响。

7.1.2　CSR 战略对出口企业影响的经验结果

社会责任投资和企业价值之间的关系受到市场竞争、广告强度、企业与政府的联系和财务绩效等因素的影响。本书用 Heckman 两阶段模型对中国上市企业数据进行检验，并得到以下结论：用 ROA 和托宾 Q 表示企业价值的 Heckman 第二阶段模型的结果显示 CSR 投资和企业价值之间存在正向关联；企业过去的财务绩效表现、企业规模、广告强度及企业与政府的联系都与企业价值之间存在正相关关系；私营企业参与 CSR 战略给企业价值带来的影响比国有企业显著；广告强度和市场发展程度对两者之间的关系存在正向调节作用。当广告强度和市场发展程度均为高水平时，CSR 战略与企业价值存在正相关关系；当广告强度和市场发展程度均为低水平时，CSR 战略与企业价值存在负相关关系。企业过去的绩效表现对两者之间的关系有正向调节作用。当企业过去的财务绩效水平较高时，CSR 战略与企业价值存在正相关关系；当这些变量的初始值在较低水平时，CSR 战略与企业价值存在负相关关系。

本书构建了一个动态结构模型，并用实证模型估计相应的参数，希望能够用该模型对企业的出口决策和 CSR 投资决策做出预测。结果显示：上一期的 CSR 投资决策对本期生产率的影响，其值明显不接近于 0，这说明上一期的 CSR 投资能够解释部分的生产率进步，而且上一期 CSR 投资优秀的企业相比 CSR 投资一般的企业的生产率提高 1.5%；中国企业存在"边学边做"效应，给定其他条件，上一期出口企业相比非出口企业的生产率提高 3.5%；出口决策和 CSR 投资决策对生产率不存在联合影响，而且出口需求是存在持续性的；CSR 投资优秀的企业相比 CSR 投资一般的企业可以额外获得 3.2% 的出口需求增长；同理，具有出口决策的企业相较没有出口决策的企业可额外获得 4.9% 的出口需求增长；出口决策和 CSR 投资决策对出口冲击存在交叉影响，即 CSR 投资决策对出口需求的影响在出口企业中更为显著。

7.1.3　最优社会责任投资和社会责任战略选择

研究表明,CSR 项目可以帮助企业克服成本劣势或巩固成本优势,帮助企业攫取更大的市场份额;CSR 项目可以缓解由成本竞争引起的价格竞争,通过吸引具有相同价值取向或对 CSR 项目具有较高评价的消费者,实现企业间可持续的"绿色竞争"。而且,CSR 投资有助于成本优势企业扩大市场份额,在成本优势足够大的条件下,优势企业在保有足够的利润空间采取 CSR 战略的同时,通过提供更受消费者偏好的产品并制定更高的销售价格而获得超额利润。对于劣势企业来说,启动最优投资额的战略性 CSR 项目总是可以保证自己的利润空间不会因为竞争企业的良好社会形象而受到压缩。平均质量水平是决定能否实施 CSR 战略的重要因素。特别是当平均质量水平低于某临界值时,两家企业必然都会致力于提升质量的 CSR 投资;反之,当平均质量水平相对较高时,两家企业必然都不会进行质量投资,因为增加的利润不够弥补成本投入。边际成本差异程度或生产效率差异程度是另一个决定能否实施 CSR 战略的重要因素。生产效率差异越大,高效率的企业越有兴趣采取 CSR 战略,且愿意进行更大规模的 CSR 投资。

对社会福利的分析表明:一方面,任意一家企业的社会投资都能够提高全社会的福利水平,并且随着投资成本的提高或资本投资效率的降低,其社会福利水平的增加值将增大。在企业产品的差异化程度较高的行业中,市场竞争会引导企业自发地投资 CSR 项目;而在企业产品的差异化程度较低,或是信息透明度较低的行业中,则需要政府引导优势企业牵头 CSR 项目投资,迫使劣势企业和新进入的企业进行社会责任投资,以实现社会福利水平的提高。另一方面,只有在社会平均质量水平低且企业声誉效应非常接近的情况下,企业采取 CSR 战略会改善福利;随着社会平均质量水平的提升,以及企业间声誉差异的扩大,企业采取 CSR 战略的成本过高并进行成本转移,消费者剩余将由于过高的价格而减少。

7.2　政策建议

第一,本书通过 Hotelling 模型发现,企业承担社会责任的主要驱动力来自市场。因此,企业可以将社会责任作为一项可行且重要的营销策略,以获得良好的社会声誉和具有社会责任感的品牌形象,特别是在消费者反馈良好的情况下可以扩大市场份额。但是,成本优势企业必须要根据成本竞争优势的大小以及市场价格竞争的激烈程度决定是否采取 CSR 战略,投资水平由消费者对 CSR 产品的评价内生决定。劣势企业在市场条件得到满足的条件下,无论竞争对手是否采取 CSR 战略,都应该主动采取 CSR 战略。这里需要满足的条件有:企业间产品的差异化程度足够大,或者这种 CSR 项目的投资是消费者偏好的;企业投资的 CSR 项目必须是需要成本投入的公共物品供给;成本劣势显著,且不可能通过成本竞争的方式进行市场价格竞争。

第二,本书通过基础模型和声誉效应模型发现,企业启动社会责任投资会增加社会福利。因此,政府应采取措施引导和鼓励企业自发地增加 CSR 项目投资的力度。消费者对于 CSR 项目投资的评价是社会福利增加和企业利润增长实现的重要环节,因此,政府有必要在激励企业的同时,提高公众的社会公民意识以及对 CSR 产品的认知水平。为增加企业与消费者之间的互动交流,政府还应该增加市场信息透明度,提高价格效应和数量效应的传播速度,以保证更高水平的社会福利的实现。战略性的企业社会责任投资都是值得鼓励的,信息透明可以增加 CSR 投资对主营业务收入的正向效用,减少信息传播可能产生的滞后性。

第三,CSR 战略与企业价值之间存在正相关关系,且这种关系受利益相关者及企业与政府的关系的影响。CSR 战略可以带来各利益相关者的积极响应,和政府建立良好关系,获取有利的政策资源。加入表示广告强度、市场发展程度和企业财务绩效表现的调节变量后,本书发现利益相关者对CSR战略与企业价值之间的关系有显著影响,具体表现为企业知名度越高且财务绩效表现越佳,影响越显著,CSR战略对私营企业价值的影响大于对国有企业价值的影响。

第四,出口企业可使用本研究的动态结构模型,代入出口国当地企业的数据,自行计算实施 CSR 战略对出口需求和生产率的效应及其动态演变过程。本书使用得到的参数估计值,代入企业自身的经营数据,给定企业决策就可以得到相应的预期收益。通过预期收益和成本的比较,企业能够直观地做出决策。

7.3 研究局限性和后续研究展望

本书中关于最优社会责任投资的讨论,还有很多地方可以进行扩展。首先,本书仅考虑"具有社会责任感"的消费者的偏好,而没有识别出"中立"消费者的偏好及其对 CSR 项目投资决策的影响;其次,企业提供具有 CSR特征的产品,可能导致企业产品的定位发生变化,而本书并未深入研究竞争企业的品牌定位、消费者偏好以及 CSR 投资决策之间的互动;最后,本书仅考虑两家企业竞争时的均衡的 CSR 投资水平,尚未研究 N 家企业进入和离开市场的选择,及其 CSR 投资决策以及市场竞争格局和社会总福利的变化。

社会责任和出口决策的关系研究的局限性主要表现为:第一,在该部分研究中,本书通过理论模型讨论了贸易自由化或者贸易开放对社会责任投资和企业生产的影响,但是没有使用相应的数据进行验证,这将是本人后续的研究方向之一。第二,第一部分的理论模型将社会责任投资所起到的成本降低作用统一归类到生产率提高中,这样的分类并不准确,根据过往文献研究可以发现,社会责任投资会同时对生产率和融资成本产生作用,且它们都会对生产成本产生作用,因此,在未来的研究中,我们应该将这两种作用区分开来。第三,在第二部分的实证研究中,本书提出了一个动态结构模型,并采用马尔可夫链蒙特卡罗方法模拟相应的参数,该部分研究存在以下局限性:没有考虑和测试贸易自由化和其他贸易政策对各参数的影响;仅对上市公司数据进行实证会扩大参数估计值;没有考虑工业企业下细分行业的差异性。因此,在未来的研究中,我们将从这些角度进行改进。

本书在产品市场绩效的讨论中考虑了中国行政体制下可能存在的政府关联的作用,而在资本市场绩效的研究中考虑了产品市场竞争的影响。存在的局限性主要表现为:用企业捐款来表示社会责任投资比较狭隘,可能会低估社会责任投资的作用;没有对行业进行细分,也没有对社会责任的各个维度进行细分讨论。

本书的样本仅限于在中国的上市企业。尽管这些上市公司占据了绝大部分比例的市场,具有很高的市场价值,但是由于上市公司与非上市公司本身在企业治理和股本结构上所存在的异质性,都会给本书的研究带来新的启示。受制于企业级的经营数据和出口数据的可获得性,本书的研究结论未能够对这部分数据的异质性进行讨论。在未来的研究中,我们希望能够将中国所有规模以上企业都纳入研究范围,并就各个行业和社会责任的各个维度进行讨论。

参考文献

蔡晓慧，2013. 融资约束的度量及其检验：基于债务融资溢价视角[J]. 浙江社会科学，6(1)：20-30.

陈聪，李薇，李延峰，等，2011. 生物质发电厂优化选址建模及决策研究[J]. 农业工程学报，27(1)：255-260.

陈晓，单鑫，1999. 债务融资是否会增加上市企业的融资成本？[J]. 经济研究，34(9)：39-46，80.

陈玉清，马丽丽，2005. 我国上市公司社会责任会计信息市场反应实证分析[J]. 会计研究(11)：78-83.

成力为，严丹，戴小勇，2013. 金融结构对企业融资约束影响的实证研究：基于20个国家制造业上市公司面板数据[J]. 金融经济学研究(1)：108-119.

邓建平，曾勇，2011. 金融生态环境、银行关联与债务融资：基于我国民营企业的实证研究[J]. 会计研究(12)：33-40.

韩剑，王静，2012. 中国本土企业为何舍近求远：基于金融信贷约束的解释[J]. 世界经济(1)：98-113.

黄少安，张岗，2001. 中国上市公司股权融资偏好分析[J]. 经济研究，36(11)：77-83.

李广子，刘力，2009. 债务融资成本与民营信贷歧视[J]. 金融研究(12)：137-150.

李向阳，1998. 上市公司需要付出什么？论目前中国证券市场的功能缺陷[J]. 国际经济评论(7)：50-54.

李延喜，杜瑞，高锐，等，2007. 上市公司投资支出与融资约束敏感性研究[J]. 管理科学，20(1)：82-88.

李焰，张宁，2008. 用综合财务指标衡量企业融资约束[J]. 中国管理科学，16(3)：145-150.

李正，2006. 企业社会责任与企业价值的相关性研究：来自沪市上市公司的经验证据[J]. 中国工业经济(2)：77-83.

马虹，李杰，2015. 社会责任投资的避险效应和预期误差效应：基于产品市场竞争的视角[J]. 中国工业经济(3)：109-121.

潘克勤，2011. 法制环境及金融发展、企业的金融机构背景与融资约束：中国民营上市公司的经验证据[J]. 经济经纬(1)：68-73.

钱学锋，熊平，2010. 中国出口增长的二元边际及其因素决定[J]. 经济研究，45(1)：65-79.

曲玥，2008. 中国工业产业利润差异及其决定因素：2000—2004年中国工业企业的经验证据[J]. 山西财经大学学报，30(12)：34-41.

沈红波，寇宏，张川，2010. 金融发展，融资约束与企业投资的实证研究[J]. 中国工业经济(6)：55-64.

沈洪涛，2005. 公司社会责任与公司财务业绩关系研究：基于相关利益者理论的分析[D]. 厦门：厦门大学.

孙灵燕，李荣林，2011. 融资约束限制中国企业出口参与吗？[J]. 经济学(季刊)，11(1)：231-252.

王少飞，孙铮，张旭，2009. 审计意见、制度环境与融资约束：来自我国上市公司的实证分析[J]. 审计研究(2)：63-72.

肖红军，张俊生，曾亚敏，2010. 资本市场对公司社会责任事件的惩戒效应：基于富士康公司员工自杀事件的研究[J]. 中国工业经济(8)：118-128.

姚立杰，夏冬林，2009. 我国银行能识别借款企业的盈余质量吗？[J]. 审计研究(3)：91-96.

于洪霞，龚六堂，陈玉宇，2011. 出口固定成本融资约束与企业出口行为[J]. 经济研究，46(4)：55-67.

喻坤，李治国，张晓蓉，等，2014. 企业投资效率之谜：融资约束假说与货币政策冲击[J]. 经济研究，49(5)：106-120.

张杰，黄泰岩，芦哲，2011. 中国企业利润来源与差异的决定机制研究[J]. 中国工业经济(1)：27-37.

张军，2001. 中国国有部门的利润率变动模式：1978—1997[J]. 经济研究(3)：19-28.

ADAMS M，HARDWICK P，1998. A stakeholder analysis of corporate donations：United Kingdom evidence[J]. Journal of management studies，35(5)：641-654.

AGHION P，ANGELETOS G M，BANERJEE A，et al.，2010. Volatility and growth：credit constraints and the composition of investment[J]. Journal of monetary economics，57(3)：246-265.

AIKEN L S，WEST S G，1991. Multiple regression：testing and interpreting interactions[M]. California：SAGE.

AITKEN B，HANSON G H，HARRISON A E，1997. Spillovers，foreign investment，and export behavior[J]. Journal of international economics，43(1/2)：103-132.

ALDRICH H E，FIOL C M，1994. Fools rush in? The institutional context of industry creation[J]. Academy of management review，19

(4): 645-670.

AUPPERLE K E, CARROLL A B, HATFIELD J D, 1985. An empirical examination of the relationship between corporate social responsibility and profitability[J]. Academy of management journal, 28(2): 446-463.

AW B Y, ROBERTS M J, XU D Y, 2011. R&D investment, exporting, and productivity dynamics[J]. American economic review, 101(4): 1312-1344.

AXELROD R, COHEN M D, 1999. Harnessing complexity: organizational implications of a scientific frontier[M]. New York: Free Press.

BAGNOLI M, WATTS S G, 2003. Selling to socially responsible consumers: competition and the private provision of public goods[J]. Journal of economics and management strategy, 12(3): 419-445.

BALMER J, GREYSER S, 2006. Corporate marketing: integrating corporate identity, corporate branding, corporate communications, corporate image and corporate reputation[J]. European journal of marketing, 40(7/8): 730-741.

BARNETT M L, SALOMON R M, 2006. Beyond dichotomy: the curvilinear relationship between social responsibility and financial performance[J]. Strategic management journal, 27(11): 1101-1122.

BARNEY J B, HANSEN M H, 1994. Trustworthiness as a source of competitive advantage[J]. Strategic management journal, 15(S1): 175-190.

BARON D P, HARJOTO M A, JO H, 2011. The economics and politics of corporate social performance[J]. Business and politics, 13(2): 1-46.

BARON D P, 2001. Private politics, corporate social responsibility, and integrated strategy[J]. Journal of economics & management strategy,

10(1):7-45.

BARON D P, 2011. Credence attributes, voluntary organizations, and social pressure[J]. Journal of public economics, 95(11):1331-1338.

BECCHETTI L, ROSATI F C, 2007. Global social preferences and the demand for socially responsible products: empirical evidence from a pilot study on fair trade consumers[J]. The world economy, 30(5):807-836.

BECCHETTI L, TROVATO G, 2011. Corporate social responsibility and firm efficiency: a latent class stochastic frontier analysis[J]. Journal of productivity analysis, 36(3):231-246.

BECK T, 2002. Financial development and international trade: is there a link? [J]. Journal of international economics, 57(1):107-131.

BERMAN N, HÉRICOURT J, 2010. Financial factors and the margins of trade: evidence from cross-country firm-level data [J]. Journal of development economics, 93(2):206-217.

BERMAN S L, WICKS A C, KOTHA S, et al., 1999. Does stakeholder orientation matter? The relationship between stakeholder management models and firm financial performance[J]. Academy of management journal, 42(5):488-506.

BERNANKE B S, GERTLER M, 1995. Inside the black box: the credit channel of monetary policy transmission [J]. Journal of economic perspectives, 9(4):27-48.

BERNARD A B, JENSEN J B, REDDING S J, et al., 2007. Firms in international trade [J]. Journal of economic perspectives, 21 (3): 105-130.

BERNARD A B, JENSEN J B, REDDING S J, et al., 2011. The empirics of firm heterogeneity and international trade[J]. Annual review of economics，4(1)：283-313.

BHATTACHARYA C B，SEN S，2003. Consumer-company identification：a framework for understanding consumers' relationships with companies [J]. Journal of marketing，67(2)：76-88.

BOUSLAH K，KRYZANOWSKI L，M'ZALI B，2013. The impact of the dimensions of social performance on firm risk[J]. Journal of banking & finance，37(4)：1258-1273.

BRAMMER S，MILLINGTON A，2008. Does it pay to be different? An analysis of the relationship between corporate social and financial performance[J]. Strategic management journal，29(12)：1325-1343.

BRANCO M C，RODRIGUES L L，2006. Corporate social responsibility and resource-based perspectives[J]. Journal of business ethics，69(2)：111-132.

BRANDER J，KRNGMAN P，1983. A 'reciprocal dumping' model of international trade[J]. Journal of international economics，15(3/4)：313-321.

BUCHHOLTZ A K，AMASON A C，RUTHERFORD M A，1999. Beyond resources the mediating effect of top management discretion and values on corporate philanthropy[J]. Business & society，38(2)：167-187.

CAJIAS M，FUERST F，BIENERT S，2014. Can investing in corporate social responsibility lower a company's cost of capital? [J]. Studies in economics and finance，31(2)：202-222.

CARPENTER R E，FAZZARI S M，PETERSEN B C，1998. Financing constraints and inventory investment：a comparative study with high-frequency panel data[J]. Review of economics and statistics，80(4)：

513-519.

CARROLL A B, 1979. A three-dimensional conceptual model of corporate performance[J]. Academy of management review, 4(4): 497-505.

CHANEY T, 2008. Distorted gravity: the intensive and extensive margins of international trade [J]. American economic review, 98 (4): 1707-1721.

CHANEY T, 2016. Liquidity constrained exporters [J]. Journal of economic dynamics & control, 72(11): 141-154.

CHANG Y, CHEN H, WANG L, et al., 2014. Corporate social responsibility and international competition: a welfare analysis [J]. Review of international economics, 22(3): 625-638.

CHENG B, IOANNOU I, SERAFEIM G, 2014. Corporate social responsibility and access to finance[J]. Strategic management journal, 35(1): 1-23.

CHOR D, MANOVA K, 2012. Off the cliff and back? Credit conditions and international trade during the global financial crisis[J]. Journal of international economics, 87(1): 117-133.

CLEARY S, 1999. The relationship between firm investment and financial status[J]. Journal of finance, 54(2): 673-692.

CLERIDES S K, SAUL L, TYBOUT J R, 1998. Is learning by exporting important? Micro-dynamic evidence from colombia, mexico, and morocco[J]. Quarterly journal of economics, 113(3): 903-947.

COPELAND B R, SCOTT T M, 1994. North-south trade and the environment[J]. Quarterly journal of economics, 109(3): 755-787.

COUGHLIN C C, WALL H J, 2011. Ethnic networks and trade: intensive vs. extensive margins [EB/OL]. https://core. ac. uk/

reader/6474940.

CROZET M，KOENIG P，2010. Structural gravity equation with intensive and extensive margins[J]. Canadian journal of economics/ Revue Canadienne d'économique，43(1)：41-62.

DAS S，ROBERTS M R，TYBOUT J R，2007. Market entry costs, producer heterogeneity，and export dynamics[J]. Econometrica，75 (3)：837-873.

DERWALL J，GUENSTER N，BAUER R，et al. ，2005. The eco-efficiency premium puzzle[J]. Financial analysts journal，61(2)：51-63.

DHALIWAL D S，LI O Z，TSANG A，et al. ，2011. Voluntary non-financial disclosure and the cost of equity capital：the initiation of corporate social responsibility reporting[J]. Accounting review，86(1)：59-100.

DICKSON B J，2003. Red capitalists in china：the party，private entrepreneurs，and prospects for political change[M]. New York：Cambridge University Press.

DIXIT A，1989. Entry and exit decisions under uncertainty[J]. Journal of political economy，97(3)：620-638.

DIXIT A，STIGLITZ J. Monopolistic competition and optimum product diversity[J]. American economic review，1977,67(3)：297-308.

DRABEK Z，2010. Is the world trade organization attractive enough for emerging economies? [M]// FELBERMAYR G ，KOHLER W . Does WTO membership make a difference at the extensive margin of world trade? London：Palgrave Macmillan：217-246.

ECCLES R G，IOANNIS I，GEORGE S，2012. The impact of a corporate culture of sustainability on corporate behavior and performance[EB/

OL]. https://www. nber. org/system/files/working_papers/w17950/revisions/w17950. rev0. pdf.

EDERINGTON J, MINIER L J, 2005. Footloose and pollution-free[J]. Review of economics & statistics, 87(1): 92-99.

ERICKSON T, WHITED T M, 2000. Measurement error and the relationship between investment and Q[J]. Journal of political economy, 108(5): 1027-1057.

FAMA E F, FRENCH K R, 1993. Common risk factors in the returns on stocks and bonds[J]. Journal of financial economics, 33(1): 3-56.

FAMA E F, FRENCH K R, 2005. Disagreement, tastes, and asset prices [J]. Journal of financial economics, 83(3): 667-689.

FLIESS B, LEE H J, DUBREUIL O L, et al. , 2007. CSR and trade: informing consumers about social and environmental conditions of globalised production: Part 1, OECD trade policy papers[C]. Paris: OECD Publishing.

FOMBRUN C J, SHANLEY M, 1990. What's in a name? Reputation building and corporate strategy[J]. Academy of management journal, 33(2): 233-258.

FOMBRUN C J, 1996. Reputation: realizing value from the corporate image[M]. Cambridge, MA: Harvard Business School Press.

FOREH M R, GRIER S, 2003. When is honesty the best policy? The effect of stated company intent on consumer skepticism[J]. Journal of consumer psychology, 13(3): 349-356.

FREDERICK W C, 1995. Values, nature and culture in the American corporation[M]. New York: Oxford University Press.

FRIEDMAN M, 1970. The social responsibility of business is to increase its profits[J]. New York times magazine, 9(13): 122-126.

FROOMAN J, 1999. Stakeholder influence strategies[J]. Academy of management review, 24(2): 191-205.

GALASKIEWICZ J, BURT R S, 1991. Interorganization contagion in corporate philanthropy[J]. Administrative science quarterly, 36 (1): 88-105.

GARCÍA-GALLEGO A, GEORGANTZÍS N, 2009. Market effects of changes in consumers' social responsibility[J]. Journal of economics and management strategy, 18(1): 235-262.

GHOUL S E, GUEDHAMI O, KWOK C, et al. , 2011. Does corporate social responsibility affect the cost of capital? [J]. Journal of banking & finance, 35(9): 2388-2406.

GIALLONARDO L, MULINO M, 2014. CSR in a model of heterogeneous firms, financial constraints and economic crisis [M]. Berlin: Springer: 77-91.

GILCHRIST S, HIMMELBERG C P, 1995. Evidence on the role of cash flow for investment [J]. Journal of monetary economics, 36 (3): 541-572.

GIRMA S, PISU G M, 2008. Exporting, linkages and productivity spillovers from foreign direct investment [J]. Canadian journal of economics, 41(1): 320-340.

GIROUD X, MUELLER H M, 2011. Corporate governance, product market competition, and equity prices[J]. The journal of finance, 66 (2): 563-600.

GODFREY P C, 2005. The relationship between corporate philanthropy and shareholder wealth: a risk management perspective[J]. Academy of management review，30(4)：777-798.

GOSS A，ROBERTS G S，2011. The impact of corporate social responsibility on the cost of bank loans[J]. Journal of banking & finance，35(7)：1794-1810.

GOSS A，2012. Corporate social performance and idiosyncratic risk：a variance decomposition analysis[C]. New Orleans：Midwest Finance Association Annual Meeting.

GREENING D W，TURBAN D B，2000. Corporate social performance as a competitive advantage in attracting a quality workforce[J]. Business & society，39(3)：254-280.

GREENWALD B，STIGLITZ J E，WEISS A，1984. Informational imperfections in the capital market and macro-economic fluctuations[J]. American economic review，74(2)：194-199.

GRUBEL H G，LLOYD P J，1975. Intra-industry trade：the theory and measurement of international trade in differentiated products[J]. The economic journal，85(339)：646-648.

HAMBRICK D C，FINKELSTEIN S，1987. Managerial discretion：abridge between polar views of organizational outcomes[J]. Research in organizational behavior，9(4)：369-406.

HAMILTON S，JO H，STATMAN M，1993. Doing well while doing good? The investment performance of socially responsible mutual funds [J]. Financial analysts journal，49(6)：62-66.

HEAL G，2005. Corporate social responsibility：an economic and financial framework[J]. Geneva papers on risk and insurance-issues and practice，30(3)：387-409.

HEINKEL R，KRAUS A，ZECHNER J，2001. The effect of green

investment on corporate behavior [J]. Journal of financial and quantitative analysis, 36(4): 431-449.

HENNESSY C A, WHITED T M, 2007. How costly is external financing? Evidence from a structural estimation[J]. Journal of finance, 62(4): 1705-1745.

HILLMAN A J, 2005. Politicians on the board of directors: do connections affect the bottom line? [J]. Journal of management official journal of the southern management association, 31(3): 464-481.

HILLMAN A J, HITT M A, 1999. Corporate political strategy formulation: a model of approach, participation, and strategy decisions [J]. Academy of management review, 24(4): 825-842.

HILLMAN A J, WITHERS M C, COLLINS B J, 2009. Resource dependence theory: a review [J]. Journal of management, 35 (6): 1404-1427.

HILLMAN A J, ZARDKOOHI A, BIERMAN L, 1999. Corporate political strategies and firm performance: indications of firm-specific benefits from personal service in the U. S. government [J]. Strategic management journal, 20(1): 67-81.

HUBBARD R G, 1998. Capital-market imperfections and investment[J]. Journal of economic literature, 36(1): 193-225.

HUMMELS D, 1999. Have international transportation costs declined? [D]. Chicago: University of Chicago.

HUR J, RAJ M, RIYANTO Y, 2006. Finance and trade: a cross-country empirical analysis on the impact of financial development and asset tangibility on international trade [J]. World development, 34 (10): 1728-1741.

JENSEN M C, 1988. Takeovers: their causes and consequences[J]. Journal of economic perspectives, 2(1): 21-48.

JOHNSON R C, 2012. Trade and prices with heterogeneous firms[J]. Journal of international economics, 86(1): 43-56.

JONES T M, 1995. Instrumental stakeholder theory: a synthesis of ethics and economics[J]. Academy of management review, 20(2): 404-437.

KACPERCZYK M, HONG H G, 2009. The price of sin: the effects of social norms on markets[J]. Journal of financial economics, 93(1): 15-36.

KAISER K, SCHULZE G G, 2003. International competition and environmental expenditures: empirical evidence from indonesian manufacturing plants[EB/OL]. https://www.econstor.eu/bitstream/10419/19163/1/222.pdf.

KAPLAN S N, ZINGALES L, 1997. Do investment-cash flow sensitivities provide useful measures of financing constraints? [J]. The quarterly journal of economics, 112(1): 169-215.

KEMPF A, OSTHOFF P, 2007. The effect of socially responsible investing on portfolio performance[J]. European financial management, 13(5): 908-922.

KIM S, KIM S Y, SUNG K H, 2014. Fortune 100 companies' Facebook strategies: corporate ability versus social responsibility[J]. Journal of communication management, 18(4): 343-362.

KLETZER K, BARDHAN P, 1987. Credit markets and patterns of international trade[J]. Journal of development economics, 27(1/2): 57-70.

KRUGMAN P, 1989. Exchange rate instability[M]. Cambridge: MIT

Press.

KRUGMAN P, 1979. Increasing returns, monopolistic competition, and international trade [J]. Journal of international economics, 9 (4): 469-479.

KUGLER M, VERHOOGEN E, 2012. Prices, plant size, and product quality[J]. The review of economic studies, 79(1): 307-339.

LAMONT O A, POLK C, SAAÁ-REQUEJO J, 2001. Financial constraints and stock returns[J]. Review of financial studies, 14(2): 529-554.

LAUFER W S, 2003. Social screening of investments: an introduction [J]. Journal of business ethics, 43(3): 163-165.

LEE D D, FAFF R, 2009. Corporate sustainability performance and idiosyncratic risk: a global perspective[J]. The financial review, 44(2): 213-237.

LESTER R H, HILLMAN A, ZARDKOOHI A, et al., 2008. Former government officials as outside directors: the role of human and social capital[J]. Academy of management journal, 51(5): 999-1013.

LEVINSON A, TAYLOR M S, 2008. Unmasking the pollution haven effect[J]. International economic review, 49(1): 223-254.

LINNEMANN H, 1966. An econometric study of international trade flows [J]. Canadian journal of economics & political science/Revue Canadienne de economiques et science politique, 33(1): 633-634.

LUO X, BHATTACHARYA C B, 2009. The debate over doing good: corporate social performance, strategic marketing levers, and firm-idiosyncratic risk[J]. Journal of marketing, 73(6): 198-213.

MANOVA K, 2008. Credit constraints, equity market liberalizations and

international trade [J]. Journal of international economics, 76 (1):
33-47.

MANOVA K, 2013. Credit constraints, heterogeneous firms, and
international trade [J]. The review of economic studies, 80 (2):
711-744.

MANOVA K, ZHANG Z, 2009. China's exporters and importers: firms,
products, and trade partners [EB/OL]. https://www. nber. org/
system/files/working_papers/w15249/w15249. pdf.

MARGOLIS J D, ANGER E H, WALSH J P, 2009. Does it pay to be
good and does it matter? A meta-analysis of the relationship between
corporate social and financial performance [EB/OL]. https://papers.
ssrn. com/sol3/papers. cfm? abstract_id=1866371.

MARGOLIS J D, WALSH J P, 2003. Misery loves companies: rethinking
social initiatives by business [J]. Administrative science quarterly, 48
(2): 268-305.

MATSUMURA T, OGAWA A, 2014. Corporate social responsibility or
payoff asymmetry? A study of an endogenous timing game[J]. Southern
economic journal, 81(2): 457-473.

MATSUYAMA K, 2005. Credit market imperfections and patterns of
international trade and capital flows [J]. Journal of the european
economic association, 3(2/3): 714-723.

MATTINGLY J E, BERMAN S L, 2006. Measurement of corporate
social action: discovering taxonomy in the kinder lydenburg domini
ratings data[J]. Business and society, 45(1): 20-46.

MCGUIRE J W, 1963. Business and society[M]. New York: McGraw
Hill.

MCWILLIAMS A，SIEGEL D S，2000. Corporate social responsibility and financial performance：correlation or misspecification[J]. Strategic management journal，21(5)：603-609.

MCWILLIAMS A，SIEGEL D S，2001. Corporate social responsibility：a theory of the firm perspective[J]. Academy of management review，26 (1)：117-127.

MELITZ M J，2003. The impact of trade on intra-industry reallocations and aggregate industry productivity [J]. Econometrica，71 (6)：1695-1725.

MENZ K，2010. Corporate social responsibility：is it rewarded by the corporate bond market? A critical note[J]. Journal of business ethics，96(1)：117-134.

MERTON R C，1987. A simple model of capital market equilibrium with incomplete information[J]. Journal of finance，42(3)：483-510.

MISHINA Y，DYKES B J，Block E S，et al，2010. Why 'Good' firms do bad things：the effects of high aspirations，high expectations and prominence on the incidence of corporate illegality[J]. The academy of management journal，53(4)：701-722.

MYERS M，2009. The impact of the economic downturn on productivity growth[J]. Economic & labour market review，3(6)：18-25.

MYERS S C，MAJLUF N S，1984. Corporate financing and investment decisions when firms have information that investors do not have[J]. Journal of financial economics，13(2)：187-221.

NAVARRO P，1988. Why do corporations give to charity? [J]. The journal of business，61(1)：65-93.

NELSON P，1974. Advertising as information[J]. Journal of political economy，82(4)：729-754.

NELSON P，1970. Information and consumer behavior[J]. Journal of political economy，78(2)：311-329.

OECD，2001. Corporate social responsibility：partners for progress[EB/OL]. Paris：OECD Publishing. https：//doi. org/10. 1787/9789264194 854-en.

OIKONOMOU I，BROOKS C，PAVELIN S，2012. The impact of corporate social performance on financial risk and utility：a longitudinal analysis[J]. Financial management，41(2)：483-515.

OLINER S D，RUDEBUSCH G D，1992. Sources of the financing hierarchy for business investment[J]. The review of economics and statistics，74(4)：643-654.

OLLEY S，PAKES A，1996. The dynamics of productivity in the telecommunications equipment industry[J]. Econometrica，64(4)：1263-1298.

ORLITZKY M，SCHMIDT F L，RYNES S L，2003. Corporate social and financial performance：a meta-analysis[J]. Organization studies，24(3)：403-441.

PHILLIPS H，2007. Does socially responsible investing hurt investment returns? [R]. Vancouver：Phillips，Hager & North Investment Management Ltd.

PIRSCH J，GUPTA S，GRAU S L. A Framework for understanding corporate social responsibility programs as a continuum：an exploratory study[J]. Journal of business ethics，2007，70(2)：125-140.

PODOLNY J，1993. A status-based model of market competition[J]. American journal of sociology，98(4)：829-872.

POLLOCK T G, RINDOVA V P, MAGGITTI P G, 2008. Market watch: information and availability cascades among the media and investors in the U. S. IPO market[J]. Academy of management journal, 51(2):335-358.

PORTER M E, KRAMER M R, 2002. The competitive advantage of corporate philanthropy[J]. Harvard business review, 80(12): 56-68.

REDDING S J, 2011. Theories of heterogeneous firms and trade[J]. Annual review of economics, 3(1): 77-105.

RENNEBOOG L, HORST J T, ZHANG C, 2008. Socially responsible investments: institutional aspects, performance, and investor behavior [J]. Journal of banking and finance, 32(9): 1723-1742.

ROBERTS M J, TYBOUT J R, 1997. What makes exports boom? [M]. Washington D. C. : World Bank Group.

ROBERTS P W, DOWLING G R, 2002. Corporate reputation and sustained financial performance[J]. Strategic management journal, 23 (12): 1077-1093.

ROBINSON M, KLEFFNER A, BERTELS S, 2008. The value of a reputation for corporate social responsibility: empirical evidence[R]. Ann Arbor: University of Michigan.

RODRIGUE J, SOUMONNI O, 2014. Deforestation, foreign demand and export dynamics in indonesia[J]. Journal of international economics, 93 (2): 316-338.

RUSSO M V, FOUTS P, 1997. A resource-based perspective on corporate environmental performance and profitability[J]. Academy of management journal, 40(3): 534-559.

SALAMA A, ANDERSON K, TOMS S, 2011. Does community and

environmental responsibility affect firm risk? Evidence from uk panel data 1994—2006 [J]. Business ethics: a european review, 20（2）: 192-204.

SÁNCHEZ J A, RECA J, MARTÍNEZ J, 2015. Water productivity in a mediterranean semi-arid greenhouse district [J]. Water resources management, 29(14): 5395-5411.

SCHNIETZ K E, EPSTEIN M J, 2005. Exploring the financial value of a reputation for corporate social responsibility during a crisis [J]. Corporate reputation review, 7(4): 327-345.

SCHRECK P, 2011. Reviewing the business case for corporate social responsibility: new evidence and analysis[J]. Journal of business ethics, 103(2):167-188.

SHARFMAN M P, FERNANDO C S, 2008. Environmental risk management and the cost of capital[J]. Strategic management journal, 29(6): 569-592.

STARKS L T, 2009. Corporate governance and corporate social responsibility: what do investors care about? What should investors care about? [J]. The financial review, 44(4): 461-468.

STATMAN M, GLUSHKOV D, 2009. The wages of social responsibility [J]. Financial analysts journal, 65(4): 33-46.

STATMAN M, VORKINK T K, 2006. Investor overconfidence and trading volume[J]. Review of financial studies, 19(4): 1531-1565.

STATMAN M, 2000. Socially responsible mutual funds[J]. Financial analysts journal, 56(3): 30-39.

STEIN J C, 2003. Agency, information and corporate investment[J]. Handbook of the economics of finance,1(Part A): 111-165.

STUEBS M, SUN L, 2010. Business reputation and labor efficiency, productivity, and cost[J]. Journal of business ethics, 96(2): 265-283.

SEIFERT B, MORRIS S A, BARTKUS B R, 2004. Having, giving, and getting: slack resources, corporate philanthropy, and firm financial performance[J]. Business & society, 43(2):135-161.

SUCHMAN M C, 1995. Managing legitimacy: strategic and institutional approaches[J]. Academy of management review, 20(3): 571-610.

SVALERYD H, VLACHOS J, 2005. Financial markets, the pattern of industrial specialization and comparative advantage: evidence from OECD countries[J]. European economic review, 49(1): 113-144.

TANG Z, HULL C E, ROTHENBERG S, 2012. How corporate social responsibility engagement strategy moderates the CSR-financial performance relationship[J]. Journal of management studies, 49(7): 1274-1303.

TIROLE J, BENABOU R, 2010. Individual and corporate social responsibility[J]. Economica, 77(305): 1-19.

VILANOVA M, LOZANO J M, ARENAS D, 2009. Exploring the nature of the relationship between CSR and competitiveness[J]. Journal of business ethics, 87(1): 57-69.

VOGT S C, 1994. The role of internal financial sources in firm financing and investment decisions[J]. Review of financial economics, 4(1): 1-24.

WADDOCK S, GRAVES S B, 1997. The corporate social performance-financial performance link[J]. Strategic management journal, 18(4): 303-319.

WANG H, CHOI J, LI J, 2008. Too little or too much? Untangling the relationship between corporate philanthropy and firm financial performance[J]. Organization science, 19(1): 143-159.

WANG H, TONG L, TAKEUCHI R, et al., 2016. Corporate social responsibility: an overview and new research directions[J]. Academy of management journal, 59(2): 534-544.

WEISBACH M S, ALMEIDA H, CAMPELLO M, 2004. The cash flow sensitivity of cash[J]. The journal of finance, 59(4): 1777-1804.

WHITED T M, 1992. Debt, liquidity constraints, and corporate investment: evidence from panel data[J]. The journal of finance, 47 (4): 1425-1460.